꿈꾸는 동안

꿈꾸는 동안

황용석 에세이

이 책을 아내 송종화에게 바칩니다.

시작하는 말

　산골 우리 집 안에 떠오르는 풍경이 있다. 어렸을 때 나는 할아버지와 함께 생활했다. 할아버지와 잠을 같이 자고 작은 개다리소반에 차린 밥상에서 마주 앉아 식사했다. 나는 여러 가족이 두레반에서 식사하는 모습을 부러운 눈으로 바라보곤 했다.
　할아버지는 무서웠다. 나는 할아버지 은빛 신선 수염을 만질 수 있는 이런저런 방법을 몇 번이나 시도해 봤지만, 번번이 꿈으로 끝났다. 일단 할아버지 무릎에 앉지를 못하니 수염을 쳐다보기만 할 뿐이었다. 할아버지가 주무실 때 수염을 만져 보려다 벼락을 맞은 후 두 번 다시 시도하지 못했다.
　할아버지는 부지런한 분이었다. 새벽 네 시에 일어나 책을 암송하셨다. 특히 겨울철 네 시는 어린 내게 견디기 힘든 괴로움이었다. 게다가 할아버지 암송 소리는 피할 수 없는 고통이었다. 다섯 시가 넘어가면 할아버지는 밖으로 나가셨다. 그 즉시 아버지가 들어오셨다. 아버지는 이불을 개서 치우니 나는 더 이상 잠을 잘 수가 없었다.

여섯 시는 아침 식사 시간이다. 어떨 때는 밥상을 앞에 두고 졸기도 했다. 그러다 앉아서 꿈을 꾼 적도 있다. 그때만큼은 내가 아무런 거리낌 없는 자유인이 되었다. 당연히 꿈을 연장하고 싶었다. 다시 잠들어 꿈꾸고 싶었지만 이루지 못했다.

하여튼 자다가 꾸는 꿈이든 장래 희망을 말하는 꿈이든 꿈꾸는 순간만큼 황홀한 순간이 또 있을까. 우리는 모두 꿈꾸며 산다. 꿈이 없다면 거짓된 삶이거나 살아 있을지라도 죽은 삶과 다름없는 삶일 것이다. 꿈은 산 자의 것이고 순수의 상징이다. 특히 어릴수록 꿈이 많고 꿈의 크기도 엄청나다.

내 잔뼈가 굵어진 곳은 산골이다. 산골은 산과 산 사이의 움푹 들어간 곳이다. 평평한 곳이 거의 없다. 해발 800미터가 넘었다. 여름에는 모기가 힘쓰지 못할 만큼 시원했지만, 겨울은 추위가 대단했다. 그런 산골에서 꿈을 꾸며 유년 시절을 보낸 나는 도시로 나가며 촌놈이라 불리기 시작했다.

산골에는 산과 나무뿐이었다. 실개천에는 시골에서 흔하디흔한 버들치조차 없었다. 우리 집 아래쪽 지형 때문이었을 것이다. 100여 미터나 될 듯한 폭포는 물고기들이 거슬러 오르기에 너무 높았다. 천만다행으로 가재는 폭포 옆을 거슬러 올라온 것 같다. 그곳에서 꿈꾸며 살던 추억은 10년으로 끝났다. 다시 이사한 곳은 해발 500미터 정도로 낮아졌지만, 여전히 산골이었다. 그런데 그곳은 버들치가 있었다! 그때부터 낚시가 시작되었다.

그렇지만 슬프게도 버들치 낚시는 3년 만에 끝났다. 도시로 떠난 아버지는 도시살이에 적응하지 못했다. 아버지는 항일 시기에 동양 최고의 도시라는 도쿄에서 9년이나 살았으면서도 끊임없이 산골을 동경했다. 그렇지만 끝내 귀향하지 못했다.

그 후 내가 환갑이 넘도록 도시살이가 이어졌다. 이러구러 세월이 흘러 교직 정년퇴직 이후 다시 산골로 돌아가는 중이다. 1부에서는 해발 800미터와 500미터에서 살던 산골과 추억에 젖어 산골로 돌아가는 기쁨을 그려 보았다.

2부에서는 산골과 도시에서 만났던 인연들을 소환해 보았다. 복 중에 최고의 복은 인연 복이라는 말이 있다. 추억을 되짚으며 소중했던 인연들이 안겨 준 복을 되새기는 기쁨을 맛보았다. 인연의 길이가 짧게는 한두 시간에서 길게는 수십 년까지 그야말로 가지각색이었다. 그중에서 가족의 인연은 죽음에 이르는 순간까지도 잊을 수 없을 것이다. 가족 사랑은 그 무엇과도 바꿀 수 없다. 가끔 희로애락이 치우쳐 나타나기도 했지만 이내 사랑으로 귀결되었다.

이웃, 친척, 지인들과의 인연도 마찬가지다. 그들은 가족 못지않게 내 삶에 피와 살이 되었다. 아마 그것이 힘이 되어 험한 세월을 이겨 냈을 것이다. 나는 슬픈 인연도 돌아보기를 마다하지 않았다. 세상살이가 어찌 기쁜 일만 있을까. 기쁨과 슬픔은 대체로 거의 반반씩 나타나는 것 같다. 공평하다. 그래서 세상은 살 만한 곳이라는 생각이 드는지도 모른다.

3부에서는 같은 듯 다른 듯 자란 두 딸과의 추억을 반추해 보았다. 두 딸의 재롱을 떠올리며 지난날을 돌아볼 수 있었다. 세월의 무게를 견뎌 낼 수 있는 것이 있을까. 점점 희미해져 가는 두 딸과의 추억을 더듬으며 짧은 순간이나마 행복에 빠져들 수 있었다. 두 딸과의 추억이 오랫동안 지속되기를 고대해 본다.

차례

시작하는 말 6

1부 산골 풍경

고향집 12　꿈꾸는 동안 21　사은회 26　주완아 32　손님과 접대 41　주민과 군인 47　낙엽과 윤회 54　책 읽는 소리 58　낙엽 산행 62　노을 67　나만의 시간 72　나만의 리추얼 76　숲멍 81　나만의 숲 85

2부 인연 풍경

두 형 92　누나 98　두 사촌 형 105　슬픈 기타 110　선생님 은혜 117　영어의 추억 121　돌아온 건달 126　학교 폭력 131　괴로운 술 135　약속 위반 140　물리 선생님 146　순박한 여인 151　방아풀 156　우연 162　인연 168　연구실 노예 173　주례사와 축사 185　나물 산행 189　손가락을 감싸 쥔 여인 199　오래된 선물 205　부치지 못한 편지 209　통증과 쇼크 215

3부 두 딸 풍경

같은 듯 다른 듯 222　자만심 227　자장가 233　씨팔 237　슬픈 눈망울 241　재롱과 효도 245　반찬 투정 249　초식동물 253　연필과 쓰기 257　기쁘거나 슬프거나 부끄러운 262　스키 캠프 267　방과후 수업 271　기간제 교사 278

맺는말 284

1부

산골 풍경

고향집

어린 시절을 보낸 산골은 동서남북 어느 쪽을 바라봐도 산뿐이었다. 그 산 위로 수리, 까마귀, 꿩 또는 새들이 날아가는 것만 보였다. 이웃집도 동쪽 작은 개울 건너편으로 한 집, 남쪽으로 두 집만 있었는데 얼마 되지 않아 모두 떠났다. 북쪽으로 수백 미터 거리에 있는 두 집은 가운데를 가로지르는 나무숲에 가려 나뭇잎이 떨어지는 늦가을에야 나뭇가지 사이로 겨우 어른거리며 보였다. 동남쪽으로는 깊은 협곡 너머로 내가 태어났던 마을과 개울이 훤히 내려다보였지만 두 시간 넘게 걸어야 갈 수 있는 곳이다. 동쪽 산 너머 그리고 서쪽 산 너머는 벼랑과 숲이 험해 접근조차 어렵다.

우리 집 마당 끝을 북쪽에서 동쪽으로 그리고 남쪽으로 휘감아 도는 개울은 가족의 생명줄이었다. 여름 장마철 외에는 그냥 퍼다 먹었다. 세수나 빨래 말고도 발을 담그거나 미역을 감는 곳이었다. 다만 물이 깊지 않아 수영할 수는 없었다. 개울가에는 커다란 다릅나무와 느릅나무가 있었고 다릅나무 아래는 야외 부엌이었다. 나무 가까이에는 한 가족이 둘러앉을 수 있는 너래 반석이 있었다. 그곳에서 우리 가족은 개울물 소리를 들으며 엄마의 부침개를 곁들인 저녁 식사를 만끽했다.

　엄마는 밀가루로 부침개나 수제비만 하지 않았다. 밀가루 반죽을 홍두깨로 밀어서 만들어 내는 칼국수는 칼국수 전문점에 뒤지지 않았다. 한여름에는 콩국수도 아버지가 즐겨 드셨다. 라면을 쳐다보지도 않는 아버지는 국수를 두 그릇이나 쉽게 비웠다. 그런데 아버지는 생라면을 즐겨 먹는 나와 누나를 위해 라면을 20박스나 차에 싣고 오는 분이었다.

　아버지는 부침개를 매우 즐겼다. 아버지는 비 오는 날이면 엄마를 부추겼다. 엄마는 화덕에 가마솥 뚜껑을 뒤집어 놓고 김치전, 파전, 부추전, 감자전, 배추전 등을 번갈아 내놓았다. 그때마다 아버지는 부침개 반죽에 풋고추를 썰어 넣으라고 독촉했다. 아버지는 한겨울에도 땀날 정도로 매운맛을 즐기는 분이었다. 엄마는 부침개 반죽을 두 가지로 만들며 푸념했다. 내가 매운 것을 못 먹었기에 엄마는 고추를 섞지 않은 부침개를 따로 만들어야 했다. 다릅나무 위쪽 밭으로는 돼지감자를 심었는데 그것을 뚱딴지라 불렀다. 부침개나 기름기 많은 음식을 먹은 후 뚱딴지를 한 입 베어

먹으면 아삭한 식감뿐만 아니라 입가심 되어 개운하기 그지없었다.

집에는 늘 누룩이 일정한 높이로 쌓여 있었다. 엄마는 누룩으로 술을 빚었다. 주로 쌀, 보리, 옥수수, 감자, 조 등을 사용했는데 술이 끓으면 나는 이웃 아저씨들을 부르는 심부름을 먼 곳까지 다녀왔다. 부치미, 김매기, 거두기 철에도 마찬가지였다. 양조장에서 술을 받아 오기도 했지만, 우리 집은 거의 엄마가 빚은 술을 농사에 썼다. 엄마가 빚은 술은 술을 많이 마시지 않는 할아버지도 맛나게 마셨다. 영양가와 맛에 끌리지 않을 수 없었다. 동네 아저씨들이나 우리 집 일하는 분들도 엄마의 술을 으뜸으로 쳤다. 술을 자주 빚다 보면 누룩이 모자라기도 하는데 그러면 술맛이 떨어진다. 누룩이 두어 장만 남으면 아버지는 누룩이 몇 장 남지 않았다고 거듭 채근했다. 그때마다 엄마는 다시 누룩을 장만해 쌓았다.

아버지가 속이 좋지 않다고 하면 나는 개울가 느릅나무로 갔다. 여름이면 땅을 파고 뿌리를 잘라 내어 껍질을 벗겨 끓인 물로 위염이나 장염을 치료했다. 겨울에는 얼어붙은 땅을 팔 수가 없어 느릅나무 줄기 겉껍질을 벗기고 노랗게 드러나는 속껍질을 채취하여 끓인 물로 대신했다. 느릅나무는 작은 일부분만 껍질을 제거하면 수년 내로 껍질이 복원된다. 어떤 때는 벚나무 껍질을 쓰기도 했다.

부엌 뒤로 조금 떨어진 변소 옆으로는 황경나무와 물푸레나무가 그늘을 드리웠다. 무엇보다 압권은 집 뒤의 소나무였다. 원래는 집 주위를 둥글게 감쌀 정도로 여러 그루의 소나무가 있었다. 그런데 집을 짓던 목수들이 아버지가 자리를 비운 사이에 앞쪽 소나무를 모두 베어 부족한 목재로 사용하는 바람에 사라졌다. 하여튼 남은 소나무가 집의 운치를 살렸다. 먼발치에서 봐도 집 뒤의 돌담 너머를 지키는 소나무는 품위가 있었다.

마당에서 동서남북으로 300여 미터 되는 거리에는 신갈나무가 빽빽했다. 그러니 가을이면 도토리를 줍는 게 아니라 그러모으기만 하면 됐다. 도토리묵을 빼놓을 수 없다. 맛있었지만 엄마의 도토리 손질이 끊임없이 이어져야 했다. 엄마 손길이 어찌 이것뿐일까. 감자도 마찬가지였다. 엄마는 감자가 얼면 맛있는 요리로 만들어 내놓았고, 감자가 썩어도 흰 감자떡과 검은 감자떡으로 바꾸어 놓았다.

개울 건너편에는 10여 명이 누워도 될 만한 너래 반석 위에 디딜방아가 놓였다. 그 방아는 산마을에서 오직 하나뿐이었다. 명절이나 기일 또는 가족 생일이면 먼 곳의 아주머니들까지 찾아왔다. 봄이면 엄마는 그 방아로 고추와 메주를 빻아 고추장 된장을 담갔다. 삶은 쑥과 쌀을 찧으면 쑥떡이 되었고 가을에 빻은 고추는 김장에 스며들었다.

 엄마가 쓰던 도구 중에 맷돌이 있다. 다른 집 맷돌을 보았지만, 우리 집 맷돌보다 좋아 보이지 않았다. 돌이 화강암의 밝은색이 아니었고 맷돌 둘레가 매끈하지 않고 우둘투둘했다. 또 맷돌 손잡이를 제대로 해 놓지 않아 사용할 때 불편해 보였다. 맷돌은 숫맷돌의 중쇠가 단단히 박혀 회전할 때 중심이 흔들리지 않아야 하고, 암맷돌에 박힌 손잡이 또한 견고하게 고정되어 있어야 한다.

 어릴 때부터 엄마가 맷돌 돌리는 것을 자주 봤다. 처음 보았을 때는 신기하기까지 했다. 엄마는 찰옥수수를 디딜방아로 껍질을 벗겨 놓고 필요할 때마다 맷돌로 갈아서 밥을 지었다. 가마솥에는 쌀, 찰옥수수 쌀, 감자가 세 봉우리로 쌓였다. 밥이 다 된 후 찰옥수수 쌀밥만 먹어도 영양가나 식감이 훌륭하다. 껍질을 벗긴 찰옥수수 쌀밥은 식어도 까슬까슬하지 않고 부드럽다.

 아버지는 콩으로 만드는 두부와 비지 그리고 청국장을 좋아했다. 당연히 두부를 자주 해 먹었다. 명절에 두부는 빠지는 법이 없었다. 명절이 아니라도 두부와 청국장은 식탁에 수시로 번갈아 올랐다. 엄마는 콩을 큰 대야에 담거나 자루째 개울물에 담그기도 했다. 아침에 담갔다가 저녁을 먹고 나서 엄마는 아버지와 함께 맷돌을 돌렸다. 맷돌을 혼자 돌리면 힘겹다. 그렇다고 둘이 돌리면 손과 팔뚝이 겹치며 부딪힌다. 아버지는 1미터쯤 되는 도낏자루 같은 둥근 막대 끝에 맷돌 손잡이에 끼울 수 있도록 구멍을 뚫었다. 지렛대 같은 도구이다. 아버지가 그 막대로 왕복운동 하듯 맷돌을 돌리면 엄마는 큰 숟가락으로 물에 불은 콩을 맷돌구멍에 연달아 퍼 넣었다. 밤늦게 맷돌질이 끝나면 엄마와 아버지는 잠시 눈을 붙였다가 새벽에 일어나 부엌에서 제일 큰 가마솥에 갈아 놓은 콩물을 붓고 불을 지폈다.

  콩물을 익히는 동안 엄마는 솥 바닥에 콩물이 눋지 않도록 나무 주걱으로 쉬지 않고 저었다. 엄마가 잠시 자리를 비울 때는 아버지가 대신했다. 콩물이 삶아지면 바로 가마솥 콩물을 대야의 면포 위로 퍼 담았다. 그러면 면포에는 콩비지만 남고 대야에는 삶은 콩물만 빠져나와 고인다. 가마솥의 콩물을 모두 퍼내고 대야의 면포를 오므려 묶은 다음 맷돌다리에 얹고 그 위에 맷돌을 올려놓는다. 콩물을 더 많이 짜내려는 것이다. 면포에서 더 이상 콩물이 떨어지지 않으면 모인 콩물을 가마솥에 퍼 넣고 다시 끓인다.

엄마는 불을 조절하며 가마솥 바닥에 콩물이 눋지 않도록 이전처럼 계속 저었다. 시간이 흘러 고소한 냄새로 두부가 될 때를 아는 엄마는 가마솥에 간수를 조금씩 넣으며 계속 저었다. 곁에서 지켜보던 나는 순두부가 몽글몽글 엉키는 것을 신기하게 바라봤다. 엄마 가까이에서 잔심부름하던 나는 맛있는 순두부 한 그릇을 받아먹으며 더 먹고 싶어 입맛을 다시곤 했다. 콩물이 순두부로 응고되어 일정한 시간이 지나면 더 응고되지 않는다. 이때 순두부를 맷돌다리 위에 있는 두부 틀 면포 위로 퍼 담는다. 그러면 두부 틀에는 두부만 남고 대야에는 맑은 물만 고인다. 마지막으로 면포를 오므려 묶고 맷돌을 올려놓는다. 대관령 수학여행 중에 학생들과 우유로 치즈 만들기에 참여했는데 그 과정이 두부 만드는 과정과 거의 똑같았다. 그때 치즈가 고소하고 맛있다는 것을 처음 알았다.

　엄마는 엿도 두부 만들 듯이 전문가처럼 맛있게 고아냈다. 주로 옥수수엿을 만들었는데 그 과정은 두부 만드는 것과 거의 비슷했다. 다만 엿은 가마솥의 옥수수 물을 온종일 졸여 내야 한다. 새벽부터 끓기 시작한 옥수수 물이 한낮을 지나 저녁녘에야 가마솥 바닥에 검붉은 엿이 되어 단내를 풍기게 된다. 마지막으로 밀가루를 뿌려 놓은 큰 쟁반에 지글거리는 엿을 퍼내 놓으면 길고 긴 엿 만들기가 끝난다.

집에는 절구가 두 개 있었다. 하나는 아름드리나무로 만들었는데 절굿공이가 초등학생인 나보다 컸다. 다른 하나는 절굿공이가 작았는데 쇠로 된 것이었다. 디딜방아가 없을 때 아버지는 주로 큰 절구로 곡식을 빻거나 메주 쑬 때 썼다. 작은 절구는 적은 양의 고추나 마늘을 빻는 데 엄마가 자주 썼다.

외할머니에게서 전수된 엄마 손맛은 동네 사람은 물론이고 먼 친척까지 엄지척했다. 주위에서는 음식 장사를 하면 부자가 된다는데 엄마나 아버지나 관심을 두지 않았다. 우리 집은 종가여서 일가친척 사람들이 많이 오갔다. 또 사람 좋아하는 아버지여서 동네 사람은 물론이고 낯선 사람도 버글거렸다. 그러니 서울에서 학원소요로 수배 중인 대학생들이 수시로 찾아오는 집이 되었을 것이다.

최근에 폐허가 된 고향집 터를 찾았다. 집 뒤에서 아름드리로 자란 소나무는 대부분 베어지고 네 그루만 남아 속상했다. 변소 터 근처의 황경나무와 물푸레나무도 아름드리로 굵어졌다. 하지만 개울가 다릅나무와 느릅나무는 오래전에 베어진 것 같다. 상전벽해가 따로 없다. 온갖 상념이 스쳐 간다. 우리 집에서 제일 어렸던 내가 환갑이 지났다.

개울가 나무 그늘 너래 반석 위에서 엄마 손맛으로 배불렀던 그때가 그립다.

꿈꾸는 동안

어렸을 때 참 많은 꿈을 꾸었다. 매일 꿈을 꾸었지만 깨어나자마자 사라지곤 했다. 그중에서 아직도 생생한 꿈이 있다. 어느 가파른 언덕을 오르는 중인데 거의 벼랑에 가까웠다. 너무 가팔라서 자그마한 풀뿌리를 부여잡고 힘껏 잡아당기며 올라가려는데 그 풀뿌리가 뽑히며 나는 그만 뒤로 떨어지고 말았다. "으아!" 하고 소리 질렀는데 엄마가 "아들, 놀랐어?"라고 하는 말에 깨어났다. 엄마는 내 이마를 짚으며 "어머, 이 땀 좀 봐!"라며 땀을 닦아 냈다. 그렇지만 나는 엄마의 부드러운 손길로 다시 곤히 잠들었다.

아침을 먹으며 엄마가 묻기에 엄청나게 높은 벼랑에서 굴러떨어졌다고 하니 "우리 아들 키 크는 거야!"라는 말로 끝이었다. 그런데 아무리 곰곰이 생각해 봐도 그 꿈이 왜 키가 크게 하는 것인지 도무지 알 수가 없었다. 다른 식구들은 거의 관심조차 보이지 않았다. 그렇지만 나는 그 꿈을 매일 꾸리라 작정했다. 키가 크는 꿈이라는데 잊어버려서는 안 된다. 나는 잠자리에 누울 때마다 벼랑을 생각했다. 그것도 까마득히 높은 벼랑을 말이다. 키가 큰다는데 그까짓 벼랑이 문제랴. 그렇지만 늘 그렇듯이 세상일은 내 마음대로 되지 않는다. 그렇게 바라고 바라는데도 나는 더 이상 벼랑 꿈은 다시 꾸지 못했다. 꿈이 야속했다. 원망할 데도 없었다. 그러다 또 다른 꿈을 꾸며 그 꿈은 잊혀 갔다.

또 한번은 멧돼지였다. 내가 살던 고향은 산골 중의 산골이라 대낮에도 멧돼지가 자주 나타나는 곳이었다. 다만 예전에는 뉴스거리가 되지 않을 뿐이었다. 그러니 사람들은 멧돼지를 보고도 그냥 흘려버렸다. 당시 내가 대낮에 몇 차례 보아 왔던 멧돼지는 다람쥐 같은 모습을 벗어났지만, 아직도 귀여운 어린 멧돼지들이었다. 멧돼지가 무섭다고 생각할 필요가 없었다. 오히려 친근하게 여겨질 정도였다.

어느 날 나는 피곤한 하루 끝에, 자리에 눕자마자 잠들었다. 아마 꼴 베고 나무하는 게 힘들었기 때문일 것이다. 내 등하굣길은 산속 오솔길이었다. 늘 누나와 함께 다녔는데 왜 꿈에서는 혼자 집으로 오게 되었는지 모르겠다. 인적이 드문 어느 길모퉁이를 지나는데 어마어마하게 큰 시커먼 멧돼지가 "크웍!" 소리를 지르며 내게 달려들었다. 나는 재빨리 있는 힘을 다해 달아나는데도 멧돼지 콧김이 내 발뒤꿈치에 닿을락 말락 하니 미칠 지경이었다. 견디다 못한 나는 엄마를 불렀다. 그런데 희한하게도 내 입에서 소리가 나지 않는 것이었다. 그야말로 환장하고 말았다. 엎친 데 덮친 격으로 이제는 뛰어 달아나다 그만 돌부리에 걸려 넘어졌다. 나는 죽었다고 생각했다. 엄마를 부르지 못하는 내가 살아날 길이 있을까. 그러다 바로 깨고 보니 속옷이 온통 땀에 젖어 있었다. 거참 이상한 일이었다. 꿈에 허덕였는데 왜 땀이 나는지 말이다.

누군가가 말했다. 어릴수록 꿈이 많다. 자다가 꾸는 꿈이 많고 장래의 희망을 말하는 꿈도 많다. 그런 것 같다. 아마 순수의 상징일지도 모른다. 우리는 나이가 들어갈수록 동심의 나이테에 때를 입힌다. 동심은 혜안이 있다. 사촌 형수님은 둘째 아이를 잉태하고 만삭일 무렵 뱃속 동생이 남자인가 여자인가를 어린 아들에게 물었다. 바로 "지지배!"라고 가볍게 맞췄다. 그게 동심이다. 순진한 어린아이 마음이다. 때 묻지 않은 순수 그 자체다.

나이가 들도록 동심을 지키기는 어렵다. 불가능하게 보이지만 그런 사람이 가끔 있다. 내가 만나 본 적은 없지만 시인 천상병이 바로 그렇다. 그의 시는 초등학생 국어 실력만으로도 쓸 수 있을 것 같다. 기교를 부리지 않고 말하고 싶은 대로 쓴다. 그렇지만 독자들은 열광적이다. 진심이 가득 담겨 있기 때문이다. 천상병 얼굴 또한 동심이 그대로 드러나 있다. 못생긴 얼굴에 상거지 같은 몰골이지만 어린애처럼 웃는 모습은 그 누구도 따라 할 수 없는 순수의 상징이다. 정말 천진난만하다.

나는 은퇴 설계 교육에서 만난 늙은 공무원들을 보며 내 거울을 보는 듯했다고 하자 고향 친구는 바로 "너는 동안(童顔)이야!"라며 추켜세웠다. 아내가 가끔 "당신은 동안이야!"라는 말을 건넬 때마다 그저 그러려니 했다. 이와 다르게 나는 친구가 하는 칭찬을 듣자마자 그만 몸과 마음이 오그라들었다. 칭찬을 칭찬으로 받아들이지 못했다. 얼굴만 동안이면 뭐 해. 마음이 동안이어야지. 시인 천상병처럼 죽을 때까지 동심을 간직해야 하는 거지. 그런 생각이 올라오고 있었다. 그러면서도 한편에서는 흐뭇한 기색을 감추지 못하는 속물이었다. 하여튼 나는 소리 질러 보고 싶었다. "나, 동안이야!"라고 하자마자 누가 들을까 겁나지만 말이다.

나는 꿈꾸는 동안만 동안이었다. 마음에 때가 쌓여 가며 점점 동안에서 멀어졌다. 특히 산골을 떠나며 더 그랬다. 요즈음 나는 거의 꿈꾸지 않는다. 나쁜 꿈이라도 꾸고 싶다. 나쁜 꿈은 그물에 걸려 아침 햇살과 함께 사라진다는 아메리카 인디언의 전설도 있는데 뭐가 두렵겠는가. 다행히 나는 산골로 다시 돌아가는 중이다. 그곳에서 순수한 마음으로 좋은 꿈을 꾸고 거울을 보면 정말 얼굴이 동안으로 보일지도 모른다.

사은회

초등학교 졸업식 날이었다. 졸업식을 마치고 나는 학교 주변을 서성거리다 집으로 발길을 돌렸다. 그날은 날씨가 따뜻해서 집에 돌아오며 스키를 제대로 타지 못했다. 녹은 눈이 스키 플레이트 밑바닥에 달라붙어 도저히 스키를 탈 수가 없었다. 스키를 어깨에 메고 집으로 왔다.

집에는 아무도 없었다. 혼자 있다가 잠들고 말았다. 얼마 후 문밖에서 친구들이 찾는 소리에 깨어났다. 오늘 저녁 사은회를 해야 한다며 다시 학교로 가자고 했다. 멍한 상태에서 친구들을 따라나섰다. 학교에 도착하니 여학생들이 이구동성으로 나를 성토하고 있었다. 어린이회장이 아무런 말도 없이 무책임하게 집으로 갔다는 것이다. 나는 고개를 떨구고 말았다.

곧 친구들과 돈을 모았다. 아마 1인당 백 원씩 10여 명이 약 천 원쯤 마련했을 것이다. 나는 돈을 잠바 주머니 안쪽에 깊숙이 넣고 남학생 서너 명과 함께 아랫마을로 출발했다. 물건을 사러 가는 것이다. 가게가 있는 곳까지 신작로와 6

번 국도를 합해 30리 정도 거리였다. 우리는 눈 덮인 신작로 10리를 걸어 전파중계소가 있는 6번 국도와 만났다. 그곳에서 아랫마을 가게까지는 20리인데 나는 거리가 짧은 산골 길로 친구들을 안내했다.

나는 2년 전에 선배와 함께 갔던 길이라서 눈 쌓인 길이지만 겁내지 않고 앞장서 나아갔다. 친구들은 불안해하면서도 따라올 수밖에 없었다. 거의 뛰다시피 비탈길을 내려와 평평한 길을 만나자 우리는 모두 안심했다. 한 시간 반 만에 가게 근처에서 옥수수를 사서 뻥튀기를 예약해 놓고 가게로 갔다. 가게에 들어서자 친구들은 여학생들이 사 오라고 한 물건을 찾기 시작했다. 새우깡, 맛동산, 라면, 국수, 소주가 생각난다. 그 외에도 몇 가지 더 있었을 텐데……. 하여튼 가게에서 물건을 사고 뻥튀기 집으로 갔다.

겨울 추위에도 기계는 잘 돌아가고 있었다. 아니, 아저씨가 기계를 돌리고 있었다. 조금만 더 있으면 된다고 기다리란다. 잠시 후 우리는 양손으로 귀를 막고 뻥 소리와 함께 산처럼 솟아오르는 김 더미에 묻혔다. 그런데 문제가 생겼다. 뻥튀기를 사 오겠다고 했으면서도 우리는 자루나 멜빵 하나 준비하지 않았다. 아저씨는 꾀죄죄한 우리를 불쌍히 바라보셨다.

나는 열 살 위의 형을 팔았다. 아저씨에게 내가 아무개 동생이라 하자 "네가, 그새 많이 컸구나!" 하시며 "걱정하지 마라. 내가 빌려주마!" 하셨다. 아저씨는 뻥튀기를 자루에 쏟아 담고는 새끼줄로 멜빵을 만들어 짊어질 수 있게 해 주셨다. 내가 감사의 인사를 드리자 아저씨는 "조심해 가거라!" 하시며 손까지 흔들어 주셨다.

우리는 왔던 길로 돌아섰다. 시골 해가 빨리 진다는 걸 알고 있었기에 서둘렀다. 돌아가는 길은 대부분 오르막길에 세 시간 이상을 가야 했기에 마음이 조급해졌다. 평평한 길은 거의 뛰다시피 달렸다. 산골 비탈길에 들어설 무렵, 십여 명의 건장한 사내들이 내리 닥치고 있었다. 우리는 눈길 옆으로 비켜서서 그들이 지나가기를 기대했다.

늘 그렇듯이 세상일은 마음대로 되지 않는다. 비탈길을 다 내려온 그들은 서너 명의 우리를 둘러쌌다. 그리고 하나하나 묻기 시작했다. 이름이 뭐냐? 어디 왔다 가느냐? 촌놈들 출세했네! 짊어진 게 뭐냐? 등등에 우리는 식은땀을 흘리고 있었다. 어떤 녀석은 짊어진 뻥튀기 자루와 가게에서 산 물건을 담은 자루를 만져 보며 히죽거리기까지 했다.

마지막으로 그들의 눈길이 내게 닿았다. "넌, 이름이 뭐냐?" 하기에 나는 이름 대신 건달 사촌 형을 끌어들였다.

"아무개가 제 사촌 형입니다"라고 하자, 그들은 대번에 수군거리기 시작했다. 가게가 있던 동네에서 내 사촌 형을 모른다는 건 있을 수 없는 일이었다. 어떤 녀석은 나의 열 살 위 형도 알고 있었다.

그들이 사라지자마자 우리는 비탈길도 아랑곳하지 않고 평평한 길처럼 뛰기 시작했다. 한참을 뛰다 보니 숨이 턱 밑까지 차올랐다. 그때 한 친구가 눈바닥에 주저앉았다. 우리는 서로 약속이나 한 듯 털썩 주저앉자마자 그대로 드러눕고 말았다. 우리는 몸에서 김이 모락모락 솟아오르는 걸 보며 계속 헉헉거렸다.

세 시간쯤 걸어 장구목 근처에 다다르니 날은 이미 저문 뒤였다. 다시 30여 분 후에 어느 친구 집 문 앞에 도착했을 때는 이미 컴컴한 밤이었다. 여학생들은 땀을 질질 흘리며 들어서는 우리를 반갑게 맞이해 주었다. 땀을 닦을 겨를 없이 나와 몇몇은 소주병과 과자 안주를 들고 담임 선생님 관사로 갔다. 선생님께 술을 한 잔 드리며 우리는 "선생님, 우리를 잘 가르쳐 주셔서 고맙습니다!"를 합창하고는 큰절을 올렸다. 이어서 선생님 말씀을 들었는데 어떤 말씀이었는지 전혀 기억나지 않는다. 일어서는 우리에게 선생님은 한 명, 한 명씩 손을 잡으시며 덕담을 건네주신 것 같다.

다시 친구들 집으로 돌아온 우리는 서로 헤어진다는 서글픔이 밀려왔다. 이렇다 할 말 한마디 하기가 어려웠다. 그런데도 친구들은 내게 "너는 중학교 가서 좋겠다!" "성공해라!" "이다음에 우리 무시하지 마라!" 등의 이야기를 건네주었다. 그 사이에 여학생들은 부엌으로 가서 국수와 라면을 끓여서 들여왔다. 서로 호로록거리며 먹던 중에 한 여학생이 훌쩍였다. 그러자 다른 여학생 모두가 훌쩍이고 말았다. 남학생들은 그저 멍하니 바라보기만 할 뿐 아무런 위로의 말을 건네지 못했다.

　밤늦도록 이야기를 나누다 여학생들은 모두 떠났고 남학생들만 방에 남았다. 남학생이라고 해 봐야 네댓 명밖에 안 되었지만 말이다. 그때 서로 싸우던 이야기가 나오기 시작했다. 그 당시 우리 싸움은 상대 코피를 내는 건 아니었고 거의 유도나 레슬링 형태였다. 그러니 서로 원수가 될 일도 없었다. 몇몇이 옥신각신하는 듯하다 이내 조용해졌다.

　새벽이 다가오며 졸음을 참지 못한 우리는 각자 앉은 자리에서 그대로 쓰러져 잠들고 말았다. 나는 날이 새며 소변보러 나왔다가 이내 집으로 향했다. 집에 도착하니 엄마가 아침 밥상을 차리는 중이었다. 밤새우다시피 한 때문인지 엄마 얼굴이 이리저리 흔들려 보였다. 그런 상태에서 바로 밥상 앞에 앉았다. 여럿이 둥근 두레반에서 식사하며 나는 큰 실수를 하고 말았다. 그것도 며칠 지나서 머슴이지만 가족 같은 형이 말해 주었다. "너, 왜 아버지 밥을 떠먹니?"

세월 유수라는 말이 실감 난다. 벌써 초등학교를 졸업한 지 50여 년이 지나가고 있다. 졸업생 열두 명 중 연락이 닿는 친구는 두 명밖에 없다. 그것도 근래에는 코로나 여파로 뜸해졌다. 보고 싶다.

졸업 사은회에 마련한 선생님 대접은 소주 한 잔과 과자 몇 조각뿐이었다. 그렇지만 산골에서 그 술과 과자를 사러 왕복 60리 눈길을 걸었다. 우리는 선생님이 기특해하시는 말씀으로 피로를 잊었지만, 선생님을 잊을 수는 없다. 아, 또 있다. 그때 꾀죄죄한 촌놈들에게 선의를 베푸신 뻥튀기 아저씨는 벌써 돌아가셨겠지만, 선생님과 마찬가지로 잊을 수가 없다. 아저씨, 고맙습니다!

주완아

 우리가 살던 동네는 산골이었지만 집은 모두 기와집이었다. 나라에서 지어준 덕택이다. 그런데 너희가 살던 집은 그렇지 않았다. 귀틀집이었고 지붕은 산죽으로 덮은 전형적인 산골 집이었다. 아마 오래전부터 살던 집을 새로 짓지 않고 그대로 사용한 것 같다.

 네가 살던 집은 바로 아래 유영채네 집과 가까웠다. 위로도 여러 집이 있었지만, 너희가 이사 올 무렵에 모두 떠났다. 너희 집 앞으로는 작은 고개가 있었다. 고개를 넘어가면 김광일네가 살았다. 거기서 한참 오르면 박천일 형네와 김동문 할아버지 내외분이 살았다. 그곳에서부터 길고 가파른 고개를 오르면 내 동기인 정성수네 집이 있었고 그 가까이에 네 칸짜리 건물인 태기 분교가 있었다.

 분교 건물 뒤로는 화장실 건물이고 반대편 옆쪽으로는 선생님이 사는 관사가 있었다. 근처에는 물을 길어 올리는 수도 펌프가 있었다. 그 수동식 펌프는 마중물을 붓고 재빠르게 펌프질하면 시원한 물이 쏟아져 나왔다. 그 높은 산꼭

대기 땅 밑에 물이 고여 있다는 게 놀라울 뿐이다.

서북향 건물의 학교에서 마을을 바라보면 박대호 형네 집, 내 동기 최재우네 집, 그 옆은 최개동네 집이고 다시 그 옆은 이규만네 집이었다. 다시 박대호 형네 집 위쪽으로는 우영자네 집, 안만욱네 집이 있었다. 학교 앞 삼거리에서 동쪽으로는 신태우 선생님이 살고 계셨고 그 위로는 김영기 형이 살았다.

너희는 원주에서 살다가 이사했다고 들었다. 원주 큰집에서 정기적으로 식료품을 보내왔던 게 기억난다. 그때 내가 처음으로 참외를 맛봤는데 아직도 생각나는 게 있다. 우리 집 마루에서 있었던 일이다. 우리 어머니가 참외를 깎아서 너와 너희 동생에게 주며 먹으라고 할 때 나도 한 쪽 집어 들었다. 그런데 참외를 처음 먹어 보는 나는 참외씨를 마루 앞쪽으로 "퉤!" 하며 뱉었다. 그때 네가 "형, 씨도 먹는 거야!"라고 외쳤다. 창피했다. 나보다 어린 네가 아는 걸 모른다는 사실에 겸연쩍어 하며, 다시 우물우물 참외씨를 깨물어 먹었다. 무려 50여 년이 지났는데도 참외를 먹을 때마다 그 장면이 떠오른다.

학교 갈 때는 내가 제일 먼저 출발해서 너희 아랫집 유영채를 부르고, 그 소리에 너와 네 동생도 집에서 나오면 함께 앞쪽 작은 고개를 넘어 김광일네 집으로 갔다. 그렇게 네댓이 모여 학교에 다녔다. 물론 박천일 형네 집에도 박경자, 박경오 자매가 있었지만, 여자애들이라서 그냥 지나쳐 갔다.

내가 중학교 1학년일 때 너는 아마 초등학교 4학년이었을 것이다. 나이로는 내가 열세 살, 네가 열 살, 동생은 여덟 살로 기억한다. 둔내면에서 하숙하던 나는 주말에 집으로 올 수 있었다. 그러면 함께 만나 유영채네 집 뒤편 신작로에서 놀았다.

자동차 도로는 군 공병대가 닦은 것이었다. 학교에서 군부대까지 신작로를 완성할 무렵, 우리 아버지는 동네 사람들 돈을 모아 11만 원을 들여 학교 아랫마을 2킬로미터에 신작로를 뚫었다. 유영채네와 우리 집은 2만 5천 원, 다른 집들 역시 5천 원에서 2만여 원의 돈을 내어 마련했다. 우리 집과 유영채네 집 뒤의 산 능선은 거의 남북 방향이었다. 그곳에서 동쪽으로 너희 집, 유영채네 집, 우리 집이 보였다. 서쪽을 바라보면 깊은 골짜기인데 바로 큰 성골이었다. 조용히 귀 기울이면 그 마을 사람들 말하는 소리가 윙윙거리며 들리기도 했다. 큰 성골 끝 위쪽이 바로 봄, 가을에 소풍 가던 낙수대라는 명소다.

신작로는 평평한 데다 황토여서 우리가 놀기에 좋았다. 황톳길은 너희 집 뒤쪽 언덕에서부터 우리 집 뒤쪽까지 이어졌는데 개구쟁이들 놀이터로는 최상이었다. 산골 마을은 아이들 놀기에 좋을 만큼 평평하고도 넓은 곳이 드물었다.

어느 날, 나는 그곳에 자전거를 끌고 나타났다. 그것은 내 게 아니고 고모네 사촌 형 것을 빌린 것이었다. 화동리에서 출발한 나는 전파중계소까지 8킬로미터 중 2킬로미터는 자전거를 탔다. 나머지는 경사가 심해 6번 국도를 따라 중계소까지 자전거를 끌고 갔다. 그곳에서 4킬로미터를 더 가야 학교였다. 전파중계소에서 6번 국도를 벗어나 서북쪽 가파른 신작로를 비지땀 흘리며 올라가면 장구목이 내려다보였다. 그곳에서 자전거에 오르지만, 얼마 못 가서 다시 내려서 학교까지 끌고 가야 했다.

이제부터는 신나는 길이다. 학교 앞 삼거리부터 우리 집까지는 계속 내리막길이어서 브레이크 드럼에서 석면 타는 냄새가 날 정도로 브레이크만 사용하며 달렸다. 나는 집에 도착하기 전에 너희 집 뒤에서 너를 크게 불렀다. 그러자 네 동생 주원이와 함께 뛰어나와 셋은 한 자전거에 올라 유영채네 집 뒤의 평평한 신작로를 신나게 달리며 놀았다. 산골에서 이렇다 할 놀이 기구가 없는데 나타난 자전거는 비록 주말 한때뿐이었지만 신바람 나는 물건이었다.

우리가 놀던 곳에서 신작로와 능선을 따라 남쪽으로 삼백여 미터 정도 가면 태기산성이다. 산성 입구에는 잘 단장된 묘지가 몇 개 있었다. 잔디가 워낙 잘 관리되어 있어서 우리가 뒹굴며 놀기에 알맞았다. 무너진 성벽 위를 걸으며 옛날 병사들의 전투 장면을 흉내 내어 보기도 했다.

우리 집 앞으로 흐르는 개울은 그리 깊지 않았다. 그저 무릎에 잠길 정도여서 미역을 감을 수 있는 정도였다. 어느 여름에, 우리 집 감자를 캐는 날이었을 것이다. 감자를 캐는데 많은 사람이 모여들었다. 너희 아버지도 우리 집에 일하러 오셨고, 당연히 너와 주원이도 왔다. 어른들이 일하는 동안 나는 너희들을 데리고 우리 집 아래쪽으로 갔다. 개울을 막아 물이 고이도록 만들었다. 좁은 개울에 길이가 5미터도 안되는 곳에서 우리는 개헤엄을 치며 놀았다. 그런데 그 물은 한낮일지라도 워낙 차가웠다. 한참 있으면 입술이 새파래져서 물에서 나오자마자 따뜻한 바위에 기대어 몸을 말렸다. 그러면 추위에 떨며 닭살처럼 오돌토돌했던 피부가 사라지곤 했다.

어느 해 이른 추석을 앞둔 8월 말쯤이었을 것이다. 나는 너와 함께 가래를 따러 나섰다. 우리 집 앞을 흐르는 개울을 따라 남쪽으로 내려가면 가래나무가 군락을 이루고 있는 곳을 이전부터 알고 있었다. 우리 집에서 얼마 안 가서 심한 낭떠러지가 나왔다. 그곳은 길이가 100여 미터, 폭이 10여 미터쯤 되는 기울어진 너래 반석이 이어져 있다. 장마철이면 폭포와 물보라가 장관이다. 상당히 위험하지만, 우리 아버지가 길을 닦아 놓은 이후로는 자주 이용하고 있었다.

과연 바닥에 이르고 보니 가래나무들이 많았다. 우리는 비교적 덜 굵은 나무를 하나 고른 다음 톱으로 베어 쓰러트렸다. 그런데도 가래가 워낙 많아 흥분했다. 내가 가래를 따서 던지면 네가 비료 포대에 담았다. 그렇게 한참 주워 담다 보니 포대에 가득 찼다. 그런데 우리는 갑자기 겁이 났다. 열대 밀림 같은 숲에서 어둠을 느낀 것이다. 시계가 없던 우리는 돌아갈 길을 걱정하며 서둘렀다. 하지만 나는 무거운 가래 포대를, 너는 낫과 톱을 들고 있는 데다 숲의 나뭇가지들에 걸려 빨리 걷지를 못했다. 땀을 비 오듯 흘리며 숲을 빠져나오니 해가 중천에 떠 있었다. 우리 둘은 함께 웃었다. 숲에 가려서 보이지 않는 태양을 해가 진 것으로 착각한 촌극이었다.

네가 우리 집에 올 때마다 나는 꼴을 베든, 나무를 하든 너를 데리고 갔다. 아마 심심해서 그랬을 것이다. 일을 하며 너와 이야기 나누는 게 좋았다. 어쩌다 더덕을 캐면 생더덕을 낫으로 쓱쓱 깎아 나누어 먹었다. 처음에 너는 씁쓸하다며 잘 먹지 않았다. 그런데 더덕에 차츰 익숙해지자 네가 직접 더덕을 캐 먹기도 했다. 우리는 더덕 캐기를 겨울에도 했다. 겨울에 꼴은 산죽이다. 산죽을 베다가 누렇게 마른 더덕 줄기를 따라 언 땅을 낫 끝으로 톡톡 쪼듯이 파면 더덕이 나온다. 겨울 더덕은 여름 더덕보다 영양가가 높으면서도 훨씬 맛이 좋다.

겨울이면 우리는 너희 집 앞에서 김광일네로 넘어가는 낮은 고개에서 썰매 타기를 즐겼다. 그 고개는 응달에다 우묵하고 구불구불한 길이었다. 우리가 학교를 오고 가며 밟고 다닌 눈이 다져지고 얼음으로 변한 길은 루지 경기장처럼 썰매 타기에 딱 좋았다. 슬로프가 그리 길지는 않았지만, 오래도록 눈이 녹지 않아 썰매장으로는 최고였다. 주로 나와 광일이, 너희 형제가 함께했다.

너희와 재미있게 놀던 기억은 너희 아버지가 한겨울에 돌아가시며 끝났다. 너희 형제는 큰엄마가 돌아가신 너희 아버지 유품을 소각하고 살던 집을 떠났다. 나는 너희가 멀어지는 모습을 안 보일 때까지 바라봤다. 이게 너희와 나의 마지막 장면이 될 줄은 몰랐다.

너희 아버지는 훗날 네가 찾아오기 쉽게 6번 국도 인근에 안장됐다. 아마 전파중계소에서 바라보면 장구목 방향의 신작로 근처 언덕 위 어느 지점일 것이다. 내가 가을이면 우리 부모님 성묘 때마다 다녀가며 네 아버지 묘소가 어디일까 두리번거렸지만, 묘지를 특정하지 못했다. 결국은 전파중계소 옆에 있는 무이 쉼터에서 식사하며 내 전화번호를 남겼지만, 소식이 없구나.

나는 우리가 살던 집 뒷산에 화장한 부모님의 유해를 묻었다. 벌써 아버지는 40년, 어머니는 10년이 지나갔다. 나는 해마다 성묘하러 가는데 봄에는 어머니 기일, 추석에는 벌초, 겨울에는 아버지 기일이기에 세 번씩 다녀간다. 그때마다 중계소에서 너희 아버지 묘소가 있을 법한 언덕을 바라보곤 한다.

현재, 고향 땅은 온통 잣나무로 빽빽한 숲을 이루고 있다. 우리가 놀던 신작로가 임도라는 이름으로 다시 정비되었지만, 그 주변은 잣나무가 무성하다. 동서남북 어느 방향도 볼 수 없을 만큼 높게 자란 잣나무가 시야를 가린다. 너희 집터는 흔적만 겨우 보인다. 그에 비하면 우리 집 돌담 너머를 지키던 소나무는 대단하다. 잣나무를 간벌하며 절반은 사라졌고 네 그루가 살아남아 있다. 몇 사람이 손잡고 안아야 할 만큼 커다란 아름드리가 되었다. 세월은 무정하지만 주완이가 보고 싶다!

손님과 접대

　우리는 살아가며 다른 사람 집을 찾아가거나 그곳에서 하룻밤을 보내는 경우가 종종 있다. 다만 요즘에는 아주 깊은 산골을 제외하고는 곳곳에 숙박시설이 있다 보니 남의 집 숙식을 하는 일이 드물 뿐이다. 그러니 손님이라는 말이 이제는 거의 쓰이지 않는 느낌이다.

　손님과 관련해서 우리가 흔히 쓰는 말 중에 방문이 있다. 방문이란 사람이나 장소를 찾아가거나 만나는 일이다. 그중에서 친구 집 방문이 생각난다. 여기서는 친구 집에서 일정한 시간 이상 머무르며 밥을 먹거나 잠자는 걸로 생각한다. 그런 점에서 초등학교 때는 친구 집 손님이 되어 본 적이 한 번도 없었다.

　중학교 때는 몇 차례 친구 집 손님이 되어 봤다. 나는 초등학교에서 홀로 진학했기에 친구가 없었다. 몇 달 지나며 반장과 친해졌다. 1학년 1학기 중간고사가 끝나는 5월 초에 반장 집을 방문하게 되었다.

　친구는 자전거를 타고 등하교했는데 큰 고개를 넘어야

하는 길에서 친구와 나는 자전거를 끌고 갔다. 마침 아카시아꽃이 만발한 터라 꽃을 따 먹으며 친구 집에 갔다. 집도 크고 넉넉히 사는 집으로 보였다. 어른들은 아들 친구를 손님이라며 환영해 주셨다. 밤에 친구와 함께 이야기를 많이 나눈 것 같은데 기억 남는 게 전혀 없다. 다만 다음 날 혼자 학교 근처 하숙집으로 돌아오는 게 지루했던 기억이 남아 있다.

같은 해 겨울 방학 무렵이었다. 친한 친구가 좋아하는 여자 친구 집을 방문하는 데 나를 끌어들였다. 친구는 가게에서 판매하는 중학생 잡지를 선물로 준비했다. 여학생 집에 들어서니 언니가 동생 손님이라며 반갑게 맞이해 주었다. 언니는 빵, 음료, 과일 등을 내놓으며 우리를 편하게 했다. 그런데 사과가 문제였다. 언니가 우리 앞에 사과를 하나씩 주었다. 앞으로 사랑을 하려면 사과를 쪼갤 줄 알아야 한다며 쪼개 놓으라는 것이다. 그런데 사과가 너무 작았다. 내 손에 쏙 들어갈 만한 걸 쪼개려 애쓰는데 사과가 쪼개지지는 않고 물만 질질 나오는 것이다. 보다 못한 언니가 되받아서 한 번에 쪼개는 걸 보고는 기가 죽고 말았다.

다음 해 봄이었다. 지금의 성우리조트 쪽 산골에 사는 친구 집에 자전거를 타고 찾아갔다. 역시 여학생 집을 찾아갔던 그 친구와 함께였다. 부모님은 아들 친구가 찾아왔다며 반갑게 맞아 주셨다. 어머니는 식사 외에 전까지 부치며 아들 친구들을 손님으로 우대하셨다. 그날은 비도 조금씩 내렸다. 시골에서는 한겨울을 제외하고는 연중 바쁘지 않은 날이 없다고 봐야 한다. 그런데도 부모님은 바쁜 내색 없이 갑자기 들이닥친 우리를 편하게 맞이하고 떠날 때까지 정성을 다하는 모습이 오랜 세월이 지났어도 잊히지 않는다.

3학년 때는 머나먼 부산에서 고등학교를 함께 다닐 친구 집을 혼자 찾아갔다. 이 친구 집도 시골집치고는 상당히 컸다. 게다가 넓은 농토를 소유하고 있었다. 친구 방에서 밤새도록 이야기를 나누며 놀다가 다음 날 돌아왔는데 대가족 분위기에 마음이 끌렸다. 아마 우리 집 가족이 많지 않아서 그랬을 것이다.

고등학교 1학년 때는 딱 한 번 친구 집을 방문했다. 사실 이 친구는 중학교 때 친구였는데 고등학교를 진학하며 친해졌다. 같은 고등학교에 다닌 건 아니었는데 나와 친구네 외가가 같다 보니 자연스럽게 가까워졌다. 그런 연유로 친구 엄마가 나를 이뻐했고 이전부터 놀러 오라고 재촉할 정도였다. 그 친구는 딸만 여럿인 집의 외동아들이었는데 부모님은 물론이고 누나들이 어찌나 반가워하는지 민망할 정도였다. 아마 친구 집에서 거의 일주일 정도를 지냈던 것 같다.

이와 반대로 우리 집에는 중학교 친구들이 딱 한 번 방문했다. 머나먼 부산에 있는 고등학교 입학시험을 보러 갈 때였다. 하숙하던 나는 여비를 마련하지 못해 친구를 끌고 세 시간을 걸어 산골 집으로 갔다. 여비를 챙긴 후 다시 버스 타기 쉬운 곳으로 두 시간 넘게 걸어갔던 기억이 새롭다. 아마 면 소재지 근처에 살던 친구는 그렇게 많이 걷는 일이 처음이었을 것이다. 한겨울 눈 덮인 고갯길을 따라 걸었던 그 친구에게 아직도 미안함이 남아 있다.

그렇게 깊은 산골 집을 잠깐 들렀다 간 친구가 중학교 졸업식 후에 여러 친구를 데리고 찾아왔다. 중학교 친구 중에서는 내가 가장 먼 곳에 사는 학생이었다. 하숙생이 나 하나뿐이라는 걸로 알 수 있었다. 또 가장 깊은 산골에 사는 학생이 나였다. 이러한 것이 친구들 호기심을 키웠을 것이다.

산골은 한겨울일지라도 쉬는 날이 없다. 또 나는 3월이면 집을 떠나야 했기에 마지막 방학 내내 나무하기에 매달렸다. 어느 날 오후에 전과 다름없이 나뭇짐을 지고 집을 들어서는데 친구들이 들이닥쳤다. 부모님은 손님 접대를 어떻게 해야 하냐며 걱정에 휩싸였다. 나도 마찬가지였다. 부모님께 친구들을 인사시키고 땀을 닦는 동안 고민이 많았다. 친구들을 맞이해 본 경험이 없는 데다 제일 큰 문제는 비좁은 방이었다.

저녁은 엄마가 정성을 다해 준비해서 친구들이 맛나게 먹는 걸 흡족하게 바라봤다. 이제 잠자리가 문제였다. 여섯 칸 집에서 잠잘 수 있는 방은 세 칸뿐이었다. 한 칸은 할아버지 방, 나머지 두 칸 중에서 한 칸은 곡식 보관 창고를 겸하는 곳이었다. 구들이 부엌에서 안방을 지나 윗방으로 연결되는 방이라 한겨울에는 난방이 시원찮았다. 결국은 친구들이 잘 수 있는 방은 하나뿐이었다. 가족회의 끝에 아버지와 형은 이웃집으로 갔다. 엄마는 냉골 윗방에 이불을 폈다. 나와 친구들 넷이 안방에서 잠자게 되었다.

호롱불을 끄자마자 친구들은 바로 잠들었지만 나는 잠이 오지 않았다. 내가 뒤척이는 걸 엄마가 모를 리 없었다. 하루 종일 지게질하고 피곤한 내가 부스럭거리자 엄마가 안방과 윗방 사이의 방문을 열었다. "엄마, 여기서 자!" 그러고는 내가 누웠던 자리를 친구들 쪽으로 밀며 안방과 윗방 사이의 벽 쪽에 공간을 만들었다. 엄마는 한참 머뭇거리다 안방 맨 위쪽으로 넘어왔다.

다음 날 아침에 깨어 보니 안방에는 나 혼자만 누워 있었다. 친구들은 우리 집 앞 개울 너머의 백여 미터가 넘는 암벽 위에 올라가 있었다. 수직 절벽인데 암벽 사이의 소나무들이 그 운치를 더해 주었다. 암벽은 근처의 태기산성과 함께 온갖 전설을 간직한 곳이었다. 친구들은 우리 군 전체를 살펴봐도 이런 경치는 없을 것이라며 감탄했다. 한 친구는 이런 게 금강산 아니냐며 돌아가 자랑할 거리라고 했다.

아침을 먹고 친구들은 일어섰다. 나는 금강산 같은 암벽 반대쪽으로 까마득히 보이는 지르메재를 넘어야 할 친구들을 걱정하며 배웅을 마쳤다. 내가 집에 돌아오자 부모님은 살림이 뻔하다 보니 친구들 접대가 소홀할 수밖에 없었다며 부끄러워하셨다. 아들이 시장에 가서 만나거든 잘 대접하라고 하셨다. 고기반찬 하나 없이 상을 차린 게 마음에 걸린다는 말씀이었다.

그렇다. 살림이 아무리 어려워도 손님 접대는 최선을 다하라는 말이 있다. 나는 최선이 뭔지, 잘 대접한다는 게 뭔지 혼란스러웠다. 하여튼 그때 나도 우리 집이 가난하다는 것을 부끄럽게 생각했다. 가난은 불편한 것일 뿐 부끄러운 게 아닌데 말이다.

주민과 군인

초등학교 입학하던 해에 학생 수는 학년별 20여 명씩 모두 120여 명 정도였다. 마을 전체가 140여 호였으니 학생이 없는 집도 제법 있었던 것 같다. 그렇지만 소풍날은 마을 주민 전체가 움직였다. 게다가 인근 군부대 군인들까지 합세했다. 또 학교 운동회 때도 그랬다. 워낙 외딴곳이다 보니 동류의식을 느꼈는지도 모른다.

우리는 소풍 장소로 깊은 산속 절경을 택했다. 학교에서는 풍광이 좋은 몇 군데를 정해 놓고 매년 봄가을마다 번갈아 찾았다. 사는 곳이나 학교 위치도 산골이었지만 그보다 더 깊은 산골을 찾은 것이다. 사실 아이들은 깊은 산속을 찾을 일이 없었다. 우리는 선생님이 산속으로 소풍 간다는 이야기를 꺼내자마자 환호했다.

소풍 장소에 도착하면 반별로 모여서 장기자랑, 보물찾기, 술래잡기 등을 하다가 점심을 먹고 돌아왔다. 그런데 나는 보물찾기할 때 거의 보물을 찾지 못했다. 희한한 일이었다. 다른 아이들은 잘 찾는데 나는 그런 놀이에 둔했던 것 같다.

　이와 별개로 소풍 전날 집에서는 내 머리를 깎았다. 그 시절은 모든 아이가 까까머리였다. 그런데 왜 소풍 전날에 머리를 깎아야 하는지 궁금했다. 최근, 사진첩에서 머리가 하얗게 보이는 소풍 사진을 물끄러미 바라봤다. 다른 아이들은 머리가 길거나 검은빛인데 나만 허연 머리로 스님 같은 모습이다.

　가을 운동회 때도 마찬가지였다. 소풍 갈 때처럼 머리부터 깎고 학교로 갔다. 운동장에 만국기가 펄럭이고 먹을 것이 곳곳에 보이고 하니 아이들은 기분이 들뜰 수밖에 없다. 아마 소풍 갈 때보다 훨씬 더 많은 사람이 모였을 것이다.

　학생들의 달리기, 이어달리기, 단체경기는 학부모들 관심이 대단하다. 자녀가 학교 다니는 동안 학교에서 무엇을 하는지 궁금한 게 당연하다. 공부야 성적표가 확인해 준다. 반면에 자녀가 자라는 모습은 운동회를 통해 드러난다. 그런데 나는 체육에 소질이 없었다. 일단 몸이 왜소했다. 할아버지나 아버지를 닮았더라면 6척 장신의 듬직한 체구가 되었을 테지만 나는 외탁했다. 외할아버지 체구가 작은 걸 그대로 이어받은 것 같다.

　나는 늘 달리기에서 1등보다는 3등 안에만 들면 되지, 하는 식으로 나를 합리화했다. 학교 근처에 사는 녀석들처럼 넓은 운동장 같은 곳이 없다는 것을 핑계로 삼았다. 게다가 열 살 무렵부터 시작된 지게질이 키 크는 걸 방해했다고 생각했다. 또 실컷 뛰어놀 생각을 아예 하지 못하게 되었다고 푸념했다.

아이들 경기가 끝나면 번외 경기로 학부모 경기가 학생들 시선을 모은다. 그런데 다른 아버지 어머니와 달리 우리 아버지 어머니는 그 경기에 한 번도 참여하는 것을 볼 수 없었다. 왜 그랬을까. 아버지 엄마가 다른 분들보다 나이가 많아서였을까.

어린이 경기가 흥미롭지만 번외 경기인 군인들과 마을 어른들 경기도 그에 못지않다. 특히 어른들 달리는 모습은 우스꽝스러운 게 특징이다. 그게 정말 흥미를 더한다. 배를 내밀고 하늘을 쳐다보며 달리던 아저씨, 한쪽으로 고개를 꺾고 달리던 친구 아버지, 달리다 다리가 풀리며 주저앉은 어느 아주머니, 바통을 놓쳐서 굴러가는 바통을 집으려다 쓰러진 이어달리기 아주머니, 마지막 결승선에서 엎어진 1등 주자 등 온갖 에피소드가 쏟아지는 운동회 장면과 뒷이야기는 운동회가 끝나고도 그칠 줄 몰랐다.

이런 운동회가 요즈음도 있는지 모르겠다. 아마 있더라

도 그 감동은 내가 어릴 때만큼은 이르지 못할 것이다. 특히 마을 주민 전체와 근처의 젊은 군인들까지 모이는 소풍이나 운동회를 상상이나 할 수 있을까. 아마 군인들은 머나먼 타향에서 고향을 떠올렸을지도 모른다. 잠시나마 군인의 본분을 제쳐 두고 한껏 추억을 소환하지 않았을까. 군과 민의 협동으로 이루어진 산골 초등학교 행사는 군인들에게도 추억거리가 되었을 것이다.

산골 마을 군인들은 이전부터 마을 사람들과 친분을 유지하는 근거가 있었다. 휴일이면 군인들은 라면을 들고 외출했다. 엄마는 군인들이 오면 곧 입대할 아들과 동일시하며 극진히 대접했다. 하루를 우리 집에서 쉬다가 떠나면 나는 다음 주에 또 오라고 하며 손을 흔들었다.

봄, 가을의 부치미와 추수기에는 대민 지원이라는 구호 아래 많은 군인이 일손을 도우러 나오기도 했다. 그러니 군인들과 지역 주민과의 관계가 소풍과 운동회까지 자연스럽게 이어졌을 것이다.

특히 나는 군인과 특별한 경험이 있다. 중학교 1학년 때였다. 주말에 하숙집에서 귀가하려면 평지 길 20리, 산길 20리를 거의 네댓 시간이나 걸어야 했다. 그러던 어느 날부터 군인 트럭을 기다리기 시작했다. 트럭을 인솔하는 소대장은 나를 알고 있었다. 면 소재지에서 볼 일이 있을 때마다 나를 트럭에 태워 주었다. 그러면 나는 초등학교 근처에서 내려서 집으로 갈 수 있어서 너무 좋았다.

중학교 1학년 여름 주말이었다. 군인 트럭을 저녁 무렵에 만났다. 나는 얼른 가방을 챙겨 트럭에 올랐다. 트럭 운전사와 조수석의 소대장 사이에 앉은 나는 걱정이 이만저만 아니었다. 장맛비가 어마어마하게 쏟아지고 있었다. 초등학교 근처에 이르자 비는 더욱 거세졌다. 소대장은 내게 부대로 가자고 했다. 그렇게 처음으로 군부대에 들어섰다.

트럭에서 내리고 보니 부대 막사는 땅속에 있었다. 군 내무반에서는 긴장한 나를 박수로 환영해 주었다. 게다가 소대장이나 나나 저녁을 굶었는데 취사병이 라면을 끓여 왔다. 보자마자 군침이 돌았다. 나는 건빵이나 하나 얻어먹을까 생각했는데 푸짐한 라면에 감격했다. 소대장은 연신 많이 먹으라며 나를 안심시켰다. 식사 후 얼마 되지 않아 10시 취침이 시작되었다. 그때 취침나팔 소리를 처음 들었다. 나는 어느 부사관 옆자리에 누웠는데 형 같은 군인과 이야기를 나누다 스르르 잠이 들었다.

다음 날 깨고 보니 침상의 나와 침대 위의 소대장만 누워 있었다. 나는 창피해서 얼른 옷을 주워 입고 가방을 메고 줄행랑쳤다. 늦잠에 민망한 나머지 다른 군인들이 밥 먹고 가라는 데도 엄마한테 혼난다며 핑계를 대고 냅다 정문으로 뛰어갔다. 보초를 서던 군인도 왜 밥을 안 먹고 가느냐며 나를 붙잡았다. 나는 고개를 가로저으며 별다른 말도 없이 급하게 인사를 하는 둥 마는 둥 죄지은 놈 달아나듯 하고 말았다.

나는 그렇게 군부대를 쉽게 드나들며 중학교 한 해를 보냈다. 2학년 때는 그 소대장이 떠나는 바람에 군부대와 소원해졌다. 3학년 때는 산마을이 사라지며 이사하는 바람에 군부대는 완전히 잊히고 말았다. 그렇게 산마을이 사라지며 군인이 참여하는 소풍이나 운동회도 옛이야기 속으로 사라졌다. 마을 사람들이 떠나며 군인들은 30리 이상을 걸어야 민가를 만나게 되었다. 그러나 군인들은 그 마을 사람들과는 친근함보다 거리감이 훨씬 더 컸다.

매년 봄에는 엄마 기일, 추석 전에는 벌초, 겨울이면 아버지 기일이어서 내가 살던 옛터를 찾는다. 부모님 묘지를 찾을 때마다 산등성이에서 군부대를 올려다본다. 그러면 나를 재워 주던 소대장과 군인들이 생각난다. 그들 모두 귀한 자식이었을 것이다. 불청객인 나를 맞이하고 대접하느라 귀찮았을 텐데, 그런 모습 하나 드러내지 않은 게 그저 고마울 뿐이다. 그때 군인 중 누구라도 연락이 닿았으면 좋겠다. 크게 한턱내고 싶다.

낙엽과 윤회

　오랜만에 고향을 찾았다. 엄마 생각이 날 때마다 찾아가던 곳이다. 임도를 따라 산골 집터를 쉽게 갈 수 있었지만, 이번에는 일부러 비탈진 산길을 골랐다. 다섯 살 때 처음 걸었던 고갯길을 따라갔다. 아침 이슬을 적시던 길가의 풀들도 늦가을 서리를 맞으며 가라앉고 있다. 오솔길은 50여 년이 지났지만 여전하다. 다만 길가에 휘청거리던 나무가 아름드리로 굵어져 있다. 산 중턱 7부 능선에 이르자 신갈나무 군락지 바닥에 낙엽이 가득하다.
　벼랑을 몇 군데 지나 땀을 닦으며 넓적한 바위에 걸터앉았다. 돌아보니 온 가족이 수없이 오르내리며 쉬던 그 자리였다. 부모님이 무거운 짐을 지고 가다 휴식을 취하던 바로 그곳이었다. 겨울이 되면 미끄러지던 생각도 난다. 몸서리치게 추운 겨울을 보냈던 기억도 올라온다. 그때는 대중가수가 부른 노래로만 알았던 김소월의 시가 떠올라 슬며시 눈물이 난다.

낙엽이 우수수 떨어질 때,
겨울의 기나긴 밤,
어머님하고 둘이 앉아
옛 이야기 들어라.

나는 어쩌면 생겨 나와
이 이야기 듣는가?
묻지도 말아라, 내일 날에
내가 부모 되어서 알아보랴?

— 김소월, 「부모」 전문

  부모가 된다는 게 뭔지 환갑을 넘기며 뼈저리게 느낀다. 아버지와 엄마도 그랬을 것이다. 한겨울 밤, 방안에서 나는 화롯불에 둘러앉아 올라오는 열기에 손을 비비고 있었다. 엄마가 감자와 고구마를 재 불에 묻을 때면 아버지는 이야기를 시작했다. 집안, 이웃, 옛 추억 등 이야기는 끝이 없었다.

  이야기를 듣다 보면 고소한 냄새가 코를 자극했다. 아버지는 부젓가락으로 슬쩍 찔러보며 익은 정도를 확인했다. 이어서 재 불 속에서 꺼낸 뜨거운 감자와 고구마를 먹기 좋게 껍질을 벗겨 놓았다. 아버지는 신문지를 손바닥만 하게 잘라 몇 겹으로 접은 다음 감자나 고구마에 둘러 내 손에 쥐어 줬다. 손과 입이 뜨거운 나는 눈물이 나는 것도 아랑곳하지 않고 헉헉거리며 허겁지겁 먹기에 바빴다. 엄마가 "천천히 먹어라!"는 말씀을 반복했지만 소용없었다. 그러다 귀를 쫑긋하며 밖을 궁금해했다. 덜그럭거리는 소리와 함께 한두 개 남은 나무 잎사귀가 마저 떨어지며 세찬 바람에 부딪히고 흩어지는 소리는 음산하기까지 했다.

지금 내가 사는 집 가까이에는 고향의 숲속처럼 신갈나무가 가득한 산이 있다. 매일 오르는 산이지만 가을에는 하루하루가 다르게 다가온다. 단풍이 끝나 갈 무렵부터 본격적으로 떨어지기 시작하는 낙엽은 온갖 감상을 불러일으킨다.

11월 초부터 등산로 주변에 쌓이기 시작하던 낙엽이 불과 두 주일 만에 낙엽 바다를 이루고 있다. 거의 전부라고 할 수 있을 만큼 신갈나무 낙엽으로 뒤덮인 주변은 그야말로 갈색 스키장이나 갈색 바다를 연상하게 된다. 스키나 썰매가 있다면 신갈나무 사이를 눈 위에서처럼 신나게 달릴 수 있을 것만 같다. 바람 한 점 없는 갈색 산이지만 갈색 바다의 부드러운 파도가 일렁이는 느낌마저 든다.

어제 하루 동안 내린 비로 부드럽게 보이던 갈색 낙엽 파도가 좀 잠잠해진 듯하다. 낙엽은 다음 단계를 준비하는 것이다. 젖은 낙엽은 분해되어 새봄에 돋아날 잎의 자양분이 된다. 부모와 자식 간의 윤회와 비슷하다.

몇 달 전 은퇴 설계 연수에 참여했을 때였다. 한 강사는 퇴직자가 젖은 낙엽이 되어서는 곤란하단다. 블로거 볼란테는 "젖은 낙엽은 떨어지지 않았다면 싱싱한 생명이지만 이미 떨어진 신세이고 그렇다고 젖지 않았다면 태우는 연료로라도 쓸 수 있겠지만 아무짝에도 쓸데는 없으면서, 쓸어버리려고 해도 빗자루에 딱 붙어서 귀찮게만 하고 처치 곤란한 존재"란다. 나뭇잎 윤회 과정의 한 부분인 낙엽은 신성한 것인데 비에 젖고 나니 그 가치가 너무 처량해졌다. 추락하는 것들은 모두 이런가.

그러고 보니 가을비 때문이었다. 갈색 낙엽은 곧 제빛을 버리고 땅속으로 스며들 것이다. 그곳에서 제 역할을 하고 다시 푸른 나뭇잎으로 환생하여 신선한 공기를 내뿜을 것이다. 퇴색한 의미 대신 신선한 의미를 다시 보여줄 그날을 기다리며 시간을 재촉해 본다.

책 읽는 소리

초등학교 입학 전에는 주로 필사본으로 이루어진 한학 책을 아버지가 가르치는 대로 따라 읽었다. 대체로 낭송의 형태였다. 내가 읽는 소리가 내 귀에 들어올 때 환희를 맛보았다. 초등학교 하급생일 때는 거의 그렇게 소리 내어 읽었다.

초등학교 입학에서 고등학교 졸업에 이르는 동안 접한 책은 거의 교과서가 전부였다. 사들인 책 또한 대부분 참고서와 문제집을 벗어나지 못했다. 어쩌다 시집이나 수필집을 사기도 했지만, 소설은 거의 빌려서 읽었다. 중학교 때는 『진학』이라는 잡지를 구독하며 연재소설을 읽었지만 심취하지는 못했다.

고등학교 3학년 때 우연히 정희성 시인의 『저문 강에 삽을 씻고』를 만난 이후부터 폭넓은 책 읽기가 시작되었다. 마구잡이 독서, 허겁지겁 독서, 전투적 독서, 중구난방 독서로 연상되는 읽기였다. 심지어 그 당시 유행하던 일간지, 주간지, 월간지 등에 연재되는 소설도 찾아 읽었다. 지금은 폐

간되었지만 주로 19금 내용을 다루는 주간지의 연재소설도 읽었다. 곁에서 어른들이 봤더라면 혀를 끌끌 찼을 것이다.

게다가 책 읽기도 난삽하기 그지없었다. 생각 없이 읽었고, 읽다가 그만두는 경우도 많았고, 하여튼 아무리 생각해 봐도 마구잡이였다. 알면서도 고칠 생각을 하지 않았다. 그러니 무엇인가 읽었는 데도 남는 게 없었다. 그렇게 시간이 흘렀다.

그러던 어느 날 윌리엄 포크너의 "문학은 인간이 어떻게 극복하고 살아가는가를 가르친다"는 구절을 읽고는 멈칫했다. 그 한마디로 나는 문학을 기웃거리고 시와 소설을 대하는 자세가 달라졌다. 물론 그렇다고 해서 시와 소설만 읽지는 않았다. 오히려 비문학을 더 많이 읽었다. 그때 사들인 책이 주로 비문학이었다는 게 도서 목록 공책에 남아 있다.

교사가 되고부터는 매월 수입의 2할을 책을 사는 데 썼다. 그러자 매월 또는 매 주말은 교보문고, 종로서적, 세운상가, 청계천 헌책방 거리를 들락거릴 수밖에 없었다. 그 시절 서점에서는 책을 포장지로 하나하나 겉장을 씌워 주기까지 했다. 신용카드는 없었고 전액 현금 지급이었기에 책값을 내다가 돈이 모자라면 취소할 한 권을 선택하는 데 고민이 많았던 기억이 난다.

그 무렵 동료 교사들은 결혼을 전제로 여자 만나기에 열을 올리는데, 내 마음은 다른 곳에 가 있었다. 그러니 주위에서 여자를 소개해 줘도 잘될 턱이 없었다. 어느 해 방학에 고향집에 갔는데 엄마가 의외의 호령을 했다. "일가 형제들은 나이 20만 되면 여자를 꿰차고 다니는데 너는 30이 되도록 어찌 된 거냐?"는 말씀이었다. 이어서 "돌아오는 추석 차례 및 기일에 참석하지도 말아라!"는 말씀과 함께 여자와 저축 통장을 마련해서 집에 오라는 것이었다.

겁먹은 나는 서둘러 저축 통장을 마련했지만, 여자는 어찌해 볼 도리가 없었다. 그러나 될 일은 되게 마련이다. 내가 부탁하지도 않았는데 재직 학교 교감 선생님이 동료 여교사를 소개해 준 은혜로 저축 통장과 사진을 갖고 추석 차례에 참석했다.

결혼 이후 독서에 변화가 왔다. 혼자 살 때처럼 책을 사 나를 수는 없었다. 게다가 대학원에 다니고 있었으니 더 그랬다. 사들이는 책은 줄었지만, 예전처럼 마구잡이 독서는 사라졌다. 아내를 만난 이후부터 마음이 안정되며 생각하는 독서가 시작되었다.

세월이 흐르며 읽은 책, 읽다 만 책, 아예 읽지 못한 책들이 쌓여 가고 있지만 걱정하지 않는다. 보르헤스의 말대로 읽은 책 다시 읽기로 읽는 즐거움을 만끽할 수 있다는 기대가 살아 있기 때문이다.

나는 교직 정년퇴직을 앞두고 산속에 서재를 만들었다. 그동안 주말부부처럼 책과 만났는데 이제는 상주하게 되었다. 여유로운 시간 속에서 마음의 여유를 찾았고 독서 또한 내가 하고 싶었던 게 있었다. 어릴 때 해 봤던 소리 내어 읽기가 다시 시작되었다. 숲속 서재에서 나 홀로 소리 내어 읽는 즐거움을 그 누가 알까. 숲속 친구들이 좋아할까, 싫어할까를 알 수는 없지만 계속할 참이다. 내가 읽는 소리를 내 귀로 듣는 게 참 그럴듯하다. 책 읽는 소리는 그 어떤 소리보다 아름다운 소리일지도 모른다.

낙엽 산행

가을에 흔히 볼 수 있는 낙엽이 때로는 낭만으로 다가온다. 여러 낙엽 중에서 은행나무나 단풍나무 낙엽처럼 아름다운 게 또 있을까, 도시 거리에서 볼 수 있는 낙엽이 높고 깊은 산을 덮고 있는 신갈나무 낙엽만큼이나 근사하다. 아마 낙엽의 멋을 아는 사람이 도시의 가로수로 선정했을지도 모른다. 누구나 시인이 아닐지라도 낙엽을 보며 시인이 되거나 시 한 수 흥얼거렸던 추억이 있을 것이다.

도시살이에서 낙엽을 대하는 느낌은 시골과 다르다. 우연히 맞이한 낙엽에 기쁨을 보일 때가 종종 있다. 청소부의 비질을 아쉬워하기도 한다. 반면에 똑같은 낙엽일지라도 시골 낙엽은 낭만을 느낄 겨를 없이 바로 부엌 아궁이로 들어간다.

가을이면 단풍 산행 인파가 온 산을 뒤덮는다. 그런데 나는 단풍 산행보다 낙엽 산행을 즐긴다. 어느 가을에 나는 친구와 낙엽 산행을 나섰다. 친구는 단풍 산행이란 말은 들었어도 낙엽 산행이란 말은 처음이라며 낯설어했다. 내가 사람들 북적이는 데를 피하려다 보니 낙엽 산행에 마음을 빼앗긴 것 같다.

모처럼 고요한 산행이라 그런지 친구도 말을 아끼는 것 같았다. 감히 말하기가 쉽지 않은 듯했다. 고요와 침묵이 이어지는 산행 중에 긴 의자를 보았다. 내가 먼저 자리를 잡으며 친구를 앉게 했다. 유명산 중턱에서 잠시 휴식하며 하늘을 바라보는데 친구가 정호승 시인의 「선암사 낙엽들은 해우소로 간다」를 낭송하기 시작했다.

친구가 낭랑한 목소리로 "이제는 누구를 사랑하더라도 낙엽이 떨어질 때를 아는 사람을 사랑하라"는 구절을 마칠 무렵이었다. 바람 한 점 없는 하늘에서 낙엽 비가 내리기 시작했다. 희한한 일이었다. 다른 나무들 낙엽은 그저 한두 개 떨어지고 마는데 이곳만 나뭇잎이 무더기로 떨어지는 이유라도 있는 것인가. 이 순간 이곳만 중력이 더 강하게 작용하고 있다는 말인가. 알 수 없는 일이었다. 당연히 우리 머리 위에 얹히는 낙엽도 있었다. 잠시 멎었다. 친구와 나는 의자에 앉은 채 고개를 완전히 뒤로 젖혔다. 그러자 하늘이 새롭게 다가왔다.

친구가 다시 낭송을 이어가자 또다시 낙엽 비가 쏟아져 내렸다. 우리는 감격했다. 이번에는 머리, 코, 귀, 가슴 등

곳곳에 낙엽이 붙는 것 같았다. 고개가 아파서 안되겠기에 친구와 나는 의자를 뒤로 물리고 아예 바닥의 낙엽에 드러누웠다. 누운 채로 친구는 낭송을 이어갔다. 이제는 간헐적으로 내리는 낙엽이 우리 둘과 주변을 덮는 느낌마저 들었다. 친구와 나는 잠시 멈추는 듯 이어지는 낙엽 비에 젖는 줄도 몰랐다. 친구는 열세 줄 시를 낭송하는 동안 멈추기를 네댓 차례나 거듭할 정도로 낙엽 비에 취한 듯했다.

우리는 낙엽 비에 젖어 드는 채로 계속 있을 수 없었다. 다시 산행을 계속하다 정상 7부 능선에서 환호했다. 신갈나무 낙엽 평원을 만났다. 누런 낙엽 파도가 일렁이는 것 같았다. 도저히 그냥 지나칠 수 없었다. 누가 먼저랄 것 없이 온몸을 낙엽에 던졌지만 하나도 아프지 않았다. 침대 매트리스가 따로 없었다. 삭정이 막대기가 곳곳에 섞여 있었지만 아무렇지 않았다. 부스럭거리는 소리를 삼키려 하늘을 바라보니 장관이었다. 그동안 보아 온 하늘이 아니었다. 겹겹이 얽혀 있는 앙상한 신갈나무 사이로 보이는 하늘은 신세계였다. 어릴 때 산골에서 보았던 바로 그 하늘이었다. 환갑이 지나도록 이런 하늘을 다시 본 적이 있었을까.

고요와 침묵이 이어지던 어느 순간에 갑자기 서러운 느낌이 들었다. 양쪽 귓불이 차가워지는 느낌에 손을 댔더니 눈물이었다. 친구가 볼까 얼른 조용히 몰래 닦아 보려다 그만 부스럭 소리를 냈다. 친구가 고개를 돌리는 걸 보며 민망한 나는 "저 구름 좀 봐!" 하며 딴청을 부렸지만 들키고 말았다. 친구는, 낙엽 비를 맞을 때나, 낙엽 매트리스에서 처음 보는 듯한 하늘을 볼 때나, 눈물 한 방울 나지 않는 게 오히려 이상한 일이라며 나를 위로했다.

정상에 이르니 나와 친구 오로지 둘 뿐이다. 그 대단한 고요와 침묵을 독점하며 정상 부근의 억새에 취했다. 나는 친구 안내에 따라 억새 보는 법을 새롭게 배웠다. 해와 나 사이에 억새를 두고 보니 새품이라 불리는 하얀 억새꽃이 눈이 부시다 못해 현기증이 일었다. 그렇다. 세상을 거꾸로도 볼 줄 알아야 다른 세계가 열리듯 말이다.

하산 길의 낙엽 평원은 여전히 신갈나무 잎사귀로 누런 물결을 이루고 있다. 그 아래쪽에 비처럼 내리던 낙엽 비는 졸참나무 잎도 일부 섞여 있었지만 대부분 산벚나무에서 떨어진 것이었다. 내년에 산벚꽃이 필 때 다시 오고 싶은 마음이 일었다. 봄에는 벚꽃 비를, 가을에는 낙엽 비를 보겠다는 욕심을 다져 보았다.

돌아오는 내내 오늘 보았던 광경이 눈에 어른거렸다. 바람 한 점 없는 고요 속으로 쏟아져 내리던 낙엽 비, 낙엽 매트리스에서 눈물 나던 하늘, 현기증 나도록 빛나던 새폼을 어느 곳에서 또 볼 수 있을까. 또다시 그런 감동을 맛볼 수 있을까. 그러니 피곤한 산행이었어도 잠이 오지 않았던 모양이다.

노을

 어렸을 때 살던 산골에 있는 태기산성 동문 앞쪽에는 근사한 묘 두 기가 있었다. 두 묘 사이의 거리는 30여 미터쯤 되었다. 잔디가 아주 잘 관리되어 잡초 하나 없고 오직 잔디뿐이었다. 성묘나 벌초하는 걸 한 번도 보지 못했지만, 하여튼 묘는 잘 관리되었다. 그러니 나를 비롯해 산골 마을 사내아이들은 틈만 나면 그리로 모여들었다. 우리는 봉분 주위의 평평하고도 넓은 잔디에서 뒹굴고 노는 즐거움을 만끽했다. 그게 싫증이 나면 묘지에서 그리 멀지 않은 곳에 있는 황토 굴로 갔다. 황토 굴은 흙이 부드러워 맨발로 놀기에 딱 좋은 곳이었다. 시간 가는 줄 모르고 놀다 보면 황톳빛 노을이 나타났다. 우리는 황토 굴에서 나와 무너진 성벽 위에 올라섰다. 서로 아무런 말 없이 붉은 노을에 얼굴을 적셨다.
 우리는 저녁노을을 마주하며 걱정에 휩싸였다. 나무하기와 꼴베기를 잊고 놀다가 집으로 향하는 발걸음은 무거웠다. 붉은 저녁노을이 뒤통수를 쥐어박는 느낌을 떨쳐 버리지 못했다. 어른들에게 야단맞을 걱정에 풀 죽은 모습으로 발걸음을 재촉하면서도 우리를 집으로 몰아가는 저녁노을을 원망할 겨를이 없었다.

집에 들어서면 재빨리 낫과 지게를 챙겨 풀밭으로 뛰었다. 늦었지만 꼴을 베어야 한다. 산골이라 금세 어두워지는 데다 마음이 급하다 보니 낫 끝이 왼쪽 정강이를 스치고 지나가기 마련이다. 피가 나는 것 같지만 상처를 살필 상황이 아니다. 낫과 돌멩이가 부딪히며 불꽃이 일어도 무심하게 낫질을 계속해야 한다. 무거운 꼴지게를 지고 집에 들어서고 나서도 어른들 눈치 보기 바쁘다. 이 모든 게 다 그 묘지와 황토 굴 때문이었다.

아침노을은 동이 틀 때, 저녁노을은 해가 질 때 보게 된다. 둘 다 붉은 노을인데 사람들은 아침노을보다 저녁노을에 관심이 많다. 당연히 저녁노을에는 아침노을보다 사람들이 더 많이 모여든다. 왜 그럴까? 왜 그런지 짐작이 가지 않는다.

어제와 오늘 연이틀 동안 남한산성에서 바라본 노을이 빨갛게 되는 광경에 환호하는 사람들이 많았지만 나는 슬펐다. 잠실 롯데타워가 희미하게 보일 정도로 미세먼지가 심한 서울의 노을은 더욱 빨갛게 될 수밖에 없다.『어린 왕자』에서 어린 왕자가 주로 우울할 때나 슬플 때 노을을 본다는 게 맞을지도 모른다. 고등학교 음악 교과서에 악보가 실린 이문세의 「붉은 노을」 또한 슬프기는 마찬가지다. 붉은 노을을 바라보며 슬픈 그대 얼굴이 생각나니 어찌 슬프지 않을까. 게다가 사랑하던 슬픈 그대가 어디로 갔는지 모르니 더 슬플 수밖에 없다.

노을은 아침노을과 저녁노을이 있지만, 아침노을과 다르게 저녁노을은 슬프다. 똑같은 붉은 노을인데 왜 저녁노을은 슬플까. 희망의 상징인 아침과 달리 희망이 사라진 저녁이라 그런가. 일에 대한 의욕이 살아났던 아침과 다르게 하루 내내 죽어났던 저녁이라서 그런가. 저녁노을은 안톤 슈낙의 『우리를 슬프게 하는 것들』보다 더 나를 슬프게 한다.

그런데 며칠 전에 그보다 더 슬픈 저녁노을을 봤다. 빗방울이 점점이 떨어질 때였다. 지는 해가 구름을 들락거리는 노을을 물끄러미 바라보던 나는 심한 슬픔에 젖었다. 알 수 없는 우울이 밀려왔다. 남한산성 서문 근처의 전망대에는 그리 많지 않은 사람들이 내려갈 생각도 하지 않고 노을을 감상하고 있었다. 평소와 다르게 시끄럽지도 않았다. 신경을 건드리던 산행 인파의 휴대전화 음악 소리도 잠잠해졌다. 하긴 슬픈 저녁노을 앞에서 소리를 내기도 어려웠을 것이다.

그날, 붉기는커녕 검푸른색이 강한 푸른 노을은 그동안 보아 온 노을이 아니었다. 노을이 파랗다고? 그렇다. 화성의 노을은 파랗고 지구의 노을은 빨갛다. 대기가 희박한 화성의 노을처럼 푸른빛이 감도는 노을을 처음 보았지만 기쁘지 않았다. 고흐의 그림이 떠올랐기 때문일까.

갑자기 온갖 생각들이 머리를 헤집어 놓는다. 우리는 똑같은 것을 보면서도 서로 다르게 생각한다. 아주 양극단을 향하기도 한다. 그 사이사이의 또 다른 방향을 바라볼 또 다른 시선들을 똑같이 인정해야 하는데 그렇지 못했다. 나를 의심하지 않고 타인을 의심하려 했다. 나를 바꾸려 하지 않고 타인을 바꾸려 했다. 처음 보는 푸른 노을 앞에서 감추고 싶었던 슬픔과 부끄러움이 마구 솟구쳤다.

최근에 태기산성을 찾았다. 동문 앞쪽에 있던 묘 두 기가 모두 나무숲에 가려져 그 형체를 알아보기 어려웠다. 산골 마을이 사라질 때 심은 잣나무가 굵어지며 잔디가 사라지고 그 자리에 잡초와 잡목이 무성하다. 봉분도 무너져 평평하다. 근처의 황토 굴도 마찬가지다. 무너져 내린 우묵한 곳에 황토 대신 진흙과 풀이 가득하다. 50여 년 세월의 흔적이 너무 쓸쓸하다.

무너진 성벽에 올라 바라보던 붉은 노을도 빽빽한 잣나

무가 막아서며 사라졌다. 그렇지만 괜찮다. 붉은 노을이 가슴속에 남아 있기 때문이다. 한낮에도 어둑한데 날이 저물고 보니 더 그렇다. 어두컴컴한 숲길이지만 어릴 때 하염없이 바라보던 붉은 노을이 여전히 내 눈두덩을 붉게 물들이는 것만 같다.

나만의 시간

우리는 살아가면서 나만을 위한 시간을 가졌던 날이 얼마나 있었을까. 돌아보면 대부분 자신보다 타인을 위한 시간에 쫓기며 살았던 시간을 확인하며 슬퍼할 것이다. 앞으로는 그러지 않으리라 다짐했지만, 또다시 반복되는 일상에 빠져드는 자신을 발견하고 좌절한 적도 있었을 것이다. 특히 도시 삶에서는 그런 현상이 점점 더 심해진다는 것을 인정할 수밖에 없었을 것이다. 그렇다면 사람들은 나라는 존재가 그토록 소중하다고 생각하면서도 행동은 거꾸로 했다는 사실을 확인한 셈이다. 이제라도 나는 왜 거꾸로 살았느냐를 되짚어 볼 필요가 있다.

명나라 말기의 사상가 이탁오는 "나이 오십 전까지 나는 정말 한 마리 개와 같았다. 앞의 개가 그림자를 보고 짖어대자 나도 따라 짖어댄 것일 뿐, 왜 그렇게 짖어댔는지 까닭을 묻는다면, 그저 벙어리처럼 아무 말 없이 웃을 뿐이었다"라고 했다. 우리가 살아가면서 주관을 갖기는 쉽지 않다. 사회 제도적 통념이 쉽게 허락하지도 않거니와 설사 그렇지 않더라도 심리적 부담이 만만치 않다.

　나는 보수적인 할아버지와는 달리 자식에게 무한한 자유를 허락하는 아버지 사이에서 자랐다. 아버지는 할아버지 꾸중을 무릅쓰며 나를 할아버지 훈육에서 벗어나게 하려고 애썼다. 어쩌면 아버지는 이탁오의 동심설을 받아들인 게 아니었을까, 하는 생각이 든다. 그 근거가 있다. 아버지는 내게 한문을 가르치며 허균의『홍길동전』을 종종 언급했다. 신승철·이윤경은『철학의 참견』에서 "『홍길동전』이야말로 동심설에 대한 깊이 있는 통찰을 담은 문학적 서술이었다"며 높이 평가했다. 아울러 나는 허균의『홍길동전』이나 박지원의『허생전』은 아나키즘을 극대화한 작품이라고 본다. 왜냐하면 아나키즘을 실현하는 데는 자유가 필요한데 두 작품은 그 자유를 한껏 드러내 보여 주었기 때문이다.

　아이들은 놀 때 주변 상황이나 시간에 구애받지 않는다. 배가 고픈 줄도 모르고 자유롭고 즐겁다. 과연 아이들처럼 놀 수 있는 어른이 있을까. 그렇다면 그는 대단한 위인이 틀림없다. 시간에 얽매이지 않은 사람이다. 주어진 시간을 나만의 시간으로 능숙하게 다루는 사람이다.

　누구라도 혼자 있을 때 시간을 관리할 줄 알아야 사는 게 즐겁다. 하루 내내 TV나 휴대전화나 여러 전자기기에 노예가 되어 있다면 곤란하다. 또는 끊임없이 사람을 만나야 하거나 군중의 일부가 되어야 한다면 진정한 자유와 나만의 시간을 갖기는 어렵다. 결국 문제는 혼자 있을 때 어떻게 시간을 쓸 수 있느냐에 달려 있다.

얼마 전에 고향 친구가 전화를 걸어왔다. 가족을 떠나 혼자 어느 산골의 콘도로 간단다. 가능한 한 가족과 전화나 메시지도 주고받지 않고 며칠간 단식도 하며 온전히 자신을 돌아보는 시간을 갖기로 했다. 책만 몇 권 가져가고 개인 물품조차도 최소한으로 며칠 있겠다는 것이었다. 나는 환호했다. 탁월한 선택이라며 하고 싶은 말도 아꼈다. 내 한마디에 끄달리게 해서는 안 된다는 생각 때문이었다.

일주일 후 그 친구와 통화하며 흐뭇했다. 늘 자신보다 가족을 먼저 생각하던 그였다. 그는 자신만의 공간에서 어떠한 간섭도 받지 않고 오로지 자신만의 시간 속에서 자신만을 돌아보는 순간을 맞이했다는 사실에 감격해하고 있었다. 나는 친구를 부추겼다. 그것을 일회성으로 끝내지 말고 주기적으로 실행하여 자신만의 리추얼로 만들라고 권했다.

인생 환갑이 지나도록 그림자를 보고 따라 짖어대는 개처럼 살아서는 곤란하다. 그러면 자신뿐만 아니라 주변의 다른 사람에게 부담스러운 존재가 되고 만다. 자신이 빛나는 만큼 주변도 빛나게 할 수 있다. 겸손과 만용의 어느 지점에서 균형을 유지할 수 있다면 더욱 빛이 난다.

  자본주의 큰 병폐 중의 하나는 끊임없는 성장이다. 멈출 수 없는 게 치명적이다. 계속 더 빨리 달려야 하는 자본주의 열차에서 내려설 수는 없을까. 나만의 시간을 갖기는커녕 그런 생각조차 하지 못하고 인생을 마무리한다면 너무 슬프지 않을까. 아메리카 인디언의 속담처럼 그렇게 빨리 달리면 내 영혼이 쫓아오지 못할 텐데 말이다. 그렇기에 시간을 비싸게 사서라도 나만의 시간을 가질 수 있어야 한다.

나만의 리추얼

고등학교 2학년 때 한 선생님은 가끔 "날카로운 프라이드를 가지세요. 정말 멋있습니다"라며 학생들을 다그치곤 했다. 당시에는 그 '날카로운'이 무엇인지 전혀 이해하지 못했다. 오랜 세월이 지나 생각해 보니 어쩌면 '나만의 색깔'이 아니었을까 짐작해 본다. 무엇을 하든 나만의 색깔을 가진다는 게 그리 만만치 않다는 것을 어느 정도 나이가 든 사람이면 알 것이다.

언제부터인가 외래어가 된 말 중에 리추얼이 있다. 리추얼은 의례 또는 의식이라고 하는데 일상생활과 관련하자면 반복적인 행동 패턴을 의미한다. 리추얼은 코로나 시대에 더욱 의미가 있다. 다른 사람과 접촉 없이 혼자만의 시간이 많아진 시기에 나 혼자만의 의식을 지니라는 뜻으로 받아들였으면 좋겠다.

사회적 동물인 인간이 혼자 있다는 것은 당장 고독을 떠올리게 된다. 고독은 론리니스(loneliness)와 솔리튜드(solitude)로 구분한다. 론리니스는 타의에 의해 발생하는 외로움으로 견디기 힘든 상태를, 솔리튜드는 스스로 선택한 고독으로 그 자체를 즐기는 상태를 말한다. 「나는 자연인이다」라는 TV 프로그램에서 볼 수 있는 자연인의 고독은 솔리튜드이다.

하여튼 인간은 여럿이 함께 있든 혼자 있든 항상 혼자라는 것을 의식하고 있어야 한다. 그래야 자신의 상태를 솔리튜드에 머무르게 할 수 있다. 혼자 있는 자신이 무료하다거나 괴롭다거나 슬프다거나 외롭다고 할 겨를이 없어야 한다. 나만의 리추얼을 갖추면 된다. 리추얼은 나를 지키는 나만의 의식이며 무의미한 것 같지만 나만의 반복적인 일상을 의미 있는 것으로 만드는 기술이다.

작가이자 화가인 문화심리학자 김정운은 습관(rutine)과 리추얼을 구분한다. 단순한 습관은 의미 부여 과정 없이 스스로 인식하지 못하고 반복하는 행동 패턴으로 본다. 반면에 리추얼에는 의미가 있어야 하며 그 의미는 단조로운 반복을 통해서 생긴다. 결국 우리의 행동 하나하나는 재미있고 의미가 있어야 한다.

그런데 재미와 의미는 늘 함께하지 않는다. 이를테면 재미있으면 의미가 없고 의미가 있으면 재미없는 경우가 많다. 직장에서 점심 식사 후 산책하더라도 단순한 산책으로 그칠 게 아니라 오전의 일과를 돌아보거나 생각을 정리한다는 의미를 부여하면 리추얼이 된다. 게다가 미야자키 하야오의 "미래의 시작은 언제나 즐거운 상상에 있다"는 의미까지 곁들인다면 금상첨화다.

이제 예전에 해 왔던 나만의 리추얼을 돌아보게 된다. 구태여 거창한 것을 떠올릴 필요는 없다. 초등학교 때였다. 열 살 무렵의 나는 학교에서 돌아오면 어른들이 뭐라 하지 않았는데도 지게를 지고 산으로 갔다. 나만 그런 게 아니었다. 내 또래의 시골 아이들은 너나없이 그랬다. 꼴 베기와 나무하기는 내 몫이었다. 처음에는 억지로 하는 것 같았지만 내 소라고 점찍은 소를 먹인다는 자부심에 힘든 줄 몰랐으니 의미 있는 일이었다. 나무하기 또한 마찬가지였다. 내가 나무를 해 오면 엄마가 밥을 짓는 데 도움이 된다거나 온 가족의 방을 따뜻하게 데운다고 생각했던 것 같다.

중학교 때는 귀가하자마자 교복을 갈아입고 거의 매일 하숙집에서 운영하는 자전거포에서 일했다. 오죽하면 선생님들이나 친구들이 하숙비 대신 일한다고 생각했을 정도로 말이다. 아니다. 하숙비는 다달이 냈다. 나는 열 살 무렵부터 어른들의 일을 돕는 게 가족의 일원으로서 당연하다고 생각했다. 그러니 친척 하숙집 일본인 아주머니가 한겨울·한밤중일지라도 "욘석아!"라고 부르자마자 "네!"라고 대답하며 뛰어나가 자전거를 수리하곤 했다.

고등학교와 대학 시절에는 이렇다 할 리추얼이 떠오르지 않는다. 의미를 부여할 만한 행동보다는 반복적인 습관만으로 일관한 생활이었을 것이다.

교사가 되고부터는 서점 순례와 책 읽기가 리추얼이었다. 신간 서적뿐만 아니라 헌책방 순례도 매주 있었고 술에 취해서도 책을 읽었다. 좀 더 구체적으로는 이렇다. 신문에서 도서 정보를 보고 미니 수첩에 서지사항을 메모하고 주말에는 서점으로 갔다. 그곳에서 부족하면 헌책방을 뒤적였다.

LP 음반 구매 또한 마찬가지였다. 음반 정보를 메모하고 레코드점에 없으면 세운상가 백(白) 판 제작 및 판매상을 찾아서 구했다. 집으로 돌아와 턴테이블에 음반을 올려놓고 바늘을 걸 때 밀려오는 손 떨림을 즐겼다.

나는 책을 읽을 때나 음악을 들을 때나 그 시간이 길든 짧든 의미를 부여했다. 책을 펴기 전에 그리고 LP 음반을 재킷에서 꺼내기 전에 손을 씻는 습관 역시 의미를 부여하는 리추얼이었다. 그러니 한두 번으로 끝나지 않고 40년이 넘도록 할 수 있었을 것이다. 특히 혼자였을 때 최고의 재미와 의미가 있었다. 그때만큼은 정말 의미 있는 존재였고 삶의 주인이었다는 게 확연했다.

이제 나는 완전히 학교를 떠났다. 새로운 세계로 들어섰다. 학교 아닌 산속 서재에서 글쓰기라는 새로운 리추얼을 만들어 가는 중이다. 메이슨 커리의 『리추얼』에 등장하는 작가들처럼 '오늘도 쓰기'가 익숙해지면 내 리추얼이라고 자신 있게 말하고 싶다. 운동도 리추얼의 일부가 되도록 하고 싶은데 만만치 않다. 그런데도 나만의 리추얼을 계속 확장해 가려 한다. 나만의 방에서 나만의 시간 속에서 나만의 리추얼로 날카로운 프라이드를 벼려 간다면 정말 멋있다는 소리를 듣게 될지도 모른다.

숲멍

도시인들에게 숲이란 무엇일까. 그들은 자연을 그리워하면서도 도시를 떠나지 못하고 주말에나 겨우 며칠간 숲에 들었다가 다시 돌아와야 한다. 특히 중년에게 「나는 자연인이다」라는 TV 프로그램은 이룰 수 없는 로망을 대신 충족시켜 주는 역할로 시청 열기가 대단하다. 출연자들 대부분은 상처받은 도시에서 탈출하듯 떠나와 산속에서 치유되었다는 공통점이 있다.

언제부터인가 시골 전원주택 붐이 일며 서울 인근의 산과 계곡을 화려한 주택으로 채워 가기 시작했다. 수도권에만 총인구의 절반이 사는 기형적인 모습과 떼어 놓고 생각할 수 없다. 비록 짧았지만 1960년대 초에 국토 균형 발전 정책이 시도되었던 이래로 어느 위정자도 수도권 인구 집중을 해소하는 방안을 구체적으로 이행하지 못했다.

근래의 세종시만 해도 그렇다. 세종시를 만들어 놓고 지금 포천-구리-서울-세종을 연결하는 고속도로를 뚫고 있다. 그러니 서울 집값을 잡겠다고 온갖 수단을 동원해 봐야 말

짱 도루묵이 될 수밖에 없다. 이런 현실은 지방자치제의 취지에도 어긋난다. 우리나라 위정자들의 수준이 이 정도밖에 안되나. 그저 한심할 뿐이다.

공간의 부족은 스트레스를 가져온다. 도로상에서 나타나는 운전행태도 공간 부족에서 빚어지는 스트레스의 한 부분이다. 에드워드 홀의 『숨겨진 차원』에는 공간의 중요성이 잘 드러나 있다. 모든 생물체는 일정한 공간이 필요하다. 좁은 공간에 일정한 수준을 넘어서는 개체가 존재하면 스트레스 탓에 죽음을 무릅쓰는 일이 발생한다. 결국은 죽음에 이르게 되고 때에 따라서는 절멸에 이르기도 한다.

아마 멍이란 말이 요즘처럼 긍정적으로 쓰이는 것도 그리 오래되지는 않았을 것이다. 멍 때리기는 그야말로 아무것도 하지 않는 것이다. 베로니크 비엔느의 『아무것도 하지 않을 자유』에는 아무것도 하지 않는 상태를 연습함으로써 평온한 순간을 되찾아 오직 '나'라는 존재에 집중하는 방법이 들어 있다.

남녀노소를 불문하고 살아가면서 잠시라도 얼마만큼의 멍한 상태를 가져 보았을까. 어떤 사람이든 바쁜 일상과 심각한 고민은 항상 있게 마련이다. 그것을 그냥 놔둬서는 곤란하다. 멍 때리기를 통해 뇌를 비워 주거나 씻어 주어야 한다. 스트레스가 있든 없든 멍 때리기의 의미는 상당하다.

   나는 집 근처의 산을 매일 오르지만 멍 때리기처럼 나만의 시간을 갖기 어렵다. 그리 많은 사람을 스쳐 가는 것도 아닌데 소음에 시달린다. 산속 자연 음악에 귀를 기울이면 좋으련만, 또 듣고 싶으면 이어폰을 사용하면 좋으련만 거의 그러지 않는다. 자기밖에 모르는 사람들이다. 습관치고는 고약하다. 게다가 마구 질러대는 "야호!" 소리도 마찬가지다. 도시에서 시달린 찌꺼기를 털어내는 방식치고는 너무 이기적으로 보인다. 타인에 대한 배려가 전혀 되어 있지 않다. 내 휴대전화는 집에 혼자 있을 때도 진동 또는 무음 상태다.

   얼마 전에 오랜 친구 부부가 내 숲속 서재를 찾아왔다. 그들은 들어서자마자 바로 숲멍만으로도 하루를 보낼 수 있겠다며 이곳저곳을 기웃거리며 즐거워했다. 처음 듣는 숲멍이란 말은 신선했다. 그동안 모르고 지냈던 숲의 고마움을 하나 더 찾아낸 것 같았다. 물멍, 불멍이란 말을 알게 된 지도 얼마 되지 않았는데 숲멍이라니. 하긴 이곳에서 밭멍이란 말도 보았으니 멍이 붙은 말들이 계속 생겨나는 것을 감상하는 것도 기대해 볼 수 있겠다.

   나는 틈만 나면 산속 서재로 간다. 그곳은 그야말로 숲멍에 제격이다. 조그마한 땅의 동서남북 어느 방향으로도 나무뿐이다. 하늘만 빼꼼하게 보인다. 밤에는 별만 쏟아져 내려온다. 가로등 불빛도 하나 없다. 다만 겨울에만 멀리 있는 가로등 하나가 겨우 보인다. 저녁을 먹고 나서 화덕에 불을 피우고 마당 끝을 휘돌아 나가는 실개천을 하염없이 바라보노라면 별이 뜨는 것도 잊어버린다. 모닥불이 사위어 갈 때 나도 모르게 쳐다보는 하늘에 촘촘히 박힌 별을 보며 물멍, 불멍, 숲멍을 끝내고 일어선다.

주식 분석전문가로 유명한 친구는 주말에 일을 끝내고 일요일 새벽에 캠핑카로 아내와 함께 전국 곳곳을 누빈다. 돌아오는 날도 일요일이 아니고 월요일 또는 화요일이다. 귀향길과 귀경길이 아주 여유롭다. 그는 내게 캠핑카를 권했다. 함께 캠핑을 즐기자고 꼬드겼지만 나는 산속으로 갔다.

어떤 방식으로든 자기만의 공간과 시간을 만들 수만 있다면 누구나 멍 때리기에 빠질 수 있다. 혼자서든 아내와 함께든 숲에서 맞이하는 멍 때리기는 도시에서 찌든 때를 씻어 내는 최고의 명약이다. 그리고 나서 도시로 돌아와 새로운 한 주를 시작하면 신바람 나는 게 당연하다. 나는 멍 때리기로 재충전한다. 어제도 오늘도 나는 도시의 피곤함에 시달릴 때마다 산속 서재로 달려가는 꿈을 꾼다.

나만의 숲

　아버지가 멀리 떠나고 나는 이름 없는 산을 떠돌았다. 그러던 어느 날 폐허가 된 고향집 터를 10년 만에 찾아갔다. 집만 사라졌을 뿐 예전의 돌담, 우물, 구들, 소나무, 황경나무, 물푸레나무, 다릅나무, 느릅나무는 그대로였다. 나는 그곳 개울가 너래 반석에 앉아 책을 읽다 잠들곤 했다. 싫증이 나면 배낭을 둘러메고 인근 이름 없는 산을 오르내렸다. 산속 바위 아래나 동굴 같은 곳에서 텐트도 없이 하룻밤을 보낸 적도 많았다.

　엄마가 멀리 떠났을 때도 마찬가지였다. 아버지가 떠났을 때보다 더 힘들었다. 엄마의 유해를 아버지 가묘 옆에 묻고 나서 자주 찾았다. 산속 집터에 잡목과 풀을 제거하고 오이, 호박, 고추를 3년간 심었다. 부모님 묘와 산속 집터는 가까운 거리인데 주위는 아름드리 잣나무가 울창했다. 엄마가 생각날 때마다 잣나무 숲을 거닐며 추억했다.

　그 숲에서 멧돼지를 종종 만났지만 아무렇지 않았다. 멧돼지나 나나 서로 놀라지 않고 뻔히 쳐다보다 헤어지곤 했다. 대부분 믿지 못할 것이다. 다만 나도 긴장할 때가 있다. 새끼 멧돼지를 만났을 때다. 이것은 인근에 어미 멧돼지가 있다는 신호다. 그러면 나는 팔뚝 굵기의 나무를 움켜쥐고 재빨리 오를 준비를 한다. 어미 멧돼지가 새끼 보호를 위해 달려들기 때문이다. 그 외에는 긴장할 필요가 거의 없다. 어떤 짐승도 적대하지 않으면 먼저 공격하지 않는다.

어느 날 부모님 묘를 찾아가던 중 임도 가드레일에 앞발을 걸고 넘어가려 애쓰는 새끼 멧돼지를 만났다. 나는 차에서 내렸다. 새끼 멧돼지를 가드레일 너머로 넘겨주려고 가까이 접근하다 멈칫하며 돌아섰다. 잠시나마 근처에 어미 멧돼지가 있다는 걸 잊었기도 하고, 또 야생의 법칙이 떠올랐기 때문이었다.

그런데 그동안 드나들었던 숲은 방랑자의 숲이었다. 나만의 숲이라 부르기에는 염치없는 짓이었다. 당연히 방랑 대신 머무르고 싶은 욕구를 어찌할 수 없었다. 3년이 넘도록 여기저기를 헤맨 끝에 찾아낸 숲은 해발 800미터나 되는 강원도 외딴 산골이었다.

나는 그곳에 서재를 마련했다. 주로 서재에서 책을 읽거나 글을 썼다. 그렇지 않으면 물멍, 불멍, 숲멍으로 한가한 시간을 보냈다. 게다가 밤이면 하염없이 쏟아져 내리는 별

멍으로 시간 가는 줄 몰랐다. 주위의 아무런 방해를 받지도 않았다. 가장 가까운 이웃도 200미터가 넘는 거리에 있고 그마저도 낮게 튀어나온 언덕이 집을 가로막았다. 한여름에는 저 멀리 가로등도 숲에 가려 보이지 않는다. 나뭇잎이 떨어지는 계절이 되어야 가로등이 겨우 희미하게 반짝인다.

밤이면 산속 동물들의 부스럭거림에서부터 울부짖는 소리까지 이어지지만, 그 때문에 내 몸과 마음이 움츠러들지는 않았다. 그들이 야행성이라는 것을 알고 있어서라기보다는 내가 그들의 영역을 침범했기에 덤덤히 받아들여야 한다고 생각했다. 그러니 사람에게 곁을 주지 않는 다람쥐나 청설모가 내 발등을 스치고 지나가는데도 아무렇지 않았다. 외려 반가운 마음마저 일었다.

낮에는 도로조차 한가하다. 주말 이틀 정도만 도보 산행객이 띄엄띄엄 지나갈 뿐이다. 가끔 오토바이 애호가와 차량이 지나가지만, 집과 개울은 전혀 보이지 않는다. 의도적으로 내 숲에 발을 들이기 전에는 아무것도 볼 수도 들을 수도 없다. 그러니 여름날 개울에서 알몸으로 미역을 감아도 아무도 볼 사람이 없다. 이만하면 나만의 숲으로 제격이 아닐까.

숲속의 땅은 주변이 온통 국유림으로 둘러싸여 있다. 땅 주변은 산나물로 가득하다. 취나물, 참나물, 어수리, 달래, 당귀, 더덕은 지천이고 밭 귀퉁이에는 두릅과 엄나무가 자생하고 있다. 밭에는 곰취와 명이나물, 오이, 호박, 고추 외에 쌈 채소 등을 고루 심었지만, 산과 밭의 경계가 모호하듯 자연산과 재배의 구분 또한 뚜렷하지 않다.

오랜만에 야생의 먹거리를 맛보며 산속에 정들기 시작했다. 언젠가부터 엄마 요리가 생각나며 흉내 내고 싶었다. 나는 엄마가 부엌에서 요리할 때 잔심부름하며 익혀 둔 게 있다. 밥은 이렇게 짓고 국은 저렇게 끓이고 마늘, 파, 고추는 그렇게 손질해 봤다. 그러자 한동안 잊었던 엄마가 슬금슬금 올라왔다. 마치 임순례 감독의 영화 「리틀 포레스트」에서 주인공 혜원이 엄마 음식을 따라 하며 엄마를 추억하는 것처럼 말이다.

김장 중에서 동치미부터 담가 봤다. 첫해는 실패했다. 엄마가 사용한 재료 중에서 뉴슈가 사용량이 과다했기 때문이었다. 다음 해부터는 뉴슈가를 제외했다. 그러니 맛이 좀 나아졌다. 익은 동치미를 통에 담아 이웃 형님 댁에 드리며 한마디 했다. "대강 드시고 버리세요!" 맛을 본 형수님은 남자가 별걸 다 한다며 넣을 건 다 넣었다고 놀란다. 맛도 홀륭하다는 말씀이 인사치레가 아니었기를 기대하는 헛된 망상도 품었다.

　영화 「리틀 포레스트」의 의미도 이런 것이 아닐까. 재하가 혜원에게 건넨, 태풍을 견뎌 낸 사과처럼 누구나 자신만의 숲이 있다면 성숙한 사람이 될 수 있다. "이제 나도 나만의 작은 숲을 만들어야겠다"는 혜원의 말도 같은 맥락으로 읽힌다.

　얼마 전 초목이 연둣빛으로 가득하던 봄날에 고교 시절 제일 친했던 친구를 만났다. 오랫동안 만나지 못했기에 둘 다 감정이 고조되어 있었다. 쉴 새 없이 그간의 세월을 주고받는 데 푹 빠져 버렸다.

　친구는 대학교수직을 퇴직하고 충청도 산골 천여 평의 땅에 나만의 숲을 가꿔 놓았다. 무려 20여 년이 넘도록 다듬고 손질한 흔적이 곳곳에 새겨져 있었다. 정말 아름다운 숲속 정원이었다. 친구는 그곳에서 금전적 유혹도 뿌리치고 공부, 봉사, 기도하는 삶으로 인생 이모작을 빛내고 있었다. 부러움이 넘쳐 났다.

　부모님과 이별하며 성숙하지 못했던 나는 수시로 떠돎을 일삼았다. 그때 나를 찾을 수 있게 한 것은 인디언 남녀노소 모두 가지고 있는 나만의 공간이었다. 부모님이 그리울 때 찾았던 곳은 옛 집터와 인근 산속 숲이었다. 세월이 흘러 강원도 두메산골에 마련한 나만의 숲은, 나만의 시간 속에서 나만을 돌아보고 나만을 온전히 내던져 나만의 고독 속으로 빠져드는 곳이 되었다.

2부

인연 풍경

두 형

　나와 누나를 데리고 산으로 향한 사람은 형이었다. 형은 쌀 두 말을 짊어진 자루 위에 만 네 살이 안된 나를 올려놓다 내려놓기를 거듭했다. 두 살 위 누나는 그냥 걸었다. 험한 산길을 올라 찾아간 집에는 아버지가 기다리고 계셨다. 내가 다섯 살이었지만 만으로는 네 살이 되기 전이었는데 겨우 기억하는 게 누나가 핀잔을 준 한마디뿐이다. "오빠 힘든데 왜 자꾸 업히려 하니?" 내가 태어난 이후로 제일 먼저 기억하는 말이다.

　형은 내가 초등학교 입학하기 전에 글쓰기를 가르쳤다. 그 후 아버지로부터 한문을 배우며 한시를 익히기 시작했다. 나는 형이 어려웠다. 그럴 수밖에 없는 까닭이 있다. 나이 차이가 10년이나 되었다. 또 유교 전통에 따라 아버지는 형을 아버지를 대신하는 사람이라 하셨다. 나는 명절에 형에게 절을 해야 한다는 말씀을 이해하기 어려웠다. 아버지는 다만, 내가 아직 어리니 성인이 되거든 하라는 말씀을 덧붙였다.

아버지와 엄마는 우리 삼 남매를 키우며 꾸중한 적이 거의 없었다. 특히 아버지 말씀 중에 "Let it be!"는 평생의 가르침이 되었다. 그런데 나는 노래방에서 비틀스의 노래를 따라 부르면서도 그 가르침을 종종 잊고 사는 어처구니없는 삶을 반성할 수밖에 없다. 아버지 죄송합니다!

내가 중학교 입학하기 몇 달 전에 형은 군에 입대했다. 그리고 내가 중학교 3학년이던 늦가을 무렵에 제대했다. 외양간의 소가 겨우 두세 마리밖에 남지 않았을 때였다. 나는 고등학교 가는 걸 포기하고 아버지와 농사를 짓고 살겠다는 생각을 굳히고 있었다. 굳이 공부한다면 서당에서 한학이나 좀 더 해 볼 요량이었다.

담임 선생님은 나를 위해 고입 원서를 다섯 번씩이나 쓰셨다. 물론 그사이에 형의 의견이 반영된 부분도 있었다. 형은 어느 지인으로부터 부산에 있는 고등학교 정보를 가져왔다. 나도 학교 선배와의 친분으로 그 학교를 알고 있었다. 최종적으로 나는 부산으로 가게 되었다. 형은 서울에서 무엇인가 해 볼 생각으로 서울을 다녀온 후, 다시 부산을 다녀왔다. 서울에서는 사촌 누님을, 부산에서는 형을 신뢰하는 지인을 만났다.

형이 군 제대 후 인생행로를 부산으로 바꾼 데는 내가 부산에 있는 고등학교로 진학하는 것도 한 이유가 되었다. 또 친가·외가와 친분이 있던 초등학교 교장 선생님이 써 준 형에 대한 취직 관련 추천서도 있었다. 그 교장 선생님은 내 결혼식 때 주례를 섰던 분이다.

내 고등학교 입학식 전부터 형은 부산 지인의 도움을 받으며 부산에 기거하기 시작했다. 그러다 내 고등학교 입학식 이틀 전에 산골 집으로 돌아왔다. 나를 데리고 가기 위해서였다. 나는 엄마와 함께 이불보를 싸며 큰 가방에 옷가지를 챙겨 넣고 있었다. 엄마는 내가 멀고 먼 부산으로 홀로 떠나는 걸 불안하게 바라봤을 것이다.

내가 고등학교 기숙사 방에 짐 푸는 것을 보고 나서 형은 지인의 집으로 돌아갔다. 나는 주말이면 형을 찾아갔다. 지인은 고향 이웃에 살던 분이었다. 다만 내가 어렸을 때 고향을 떠나 그분을 기억하지 못할 뿐이었다.

한편, 내가 부산에서 고등학교에 다니는 동안 형은 부산에서 이런저런 일을 살피고 있었다. 그해 가을 무렵에 형은 작은 사업을 시작했다. 그런데 그게 오래가지 못했다. 6개월도 되지 않아 문을 닫고 말았다. 몇 개월 후 다른 곳에서 다시 문을 열었지만, 이번에는 개점휴업이었다. 힘겹게 여름을 넘긴 여파가 이어졌다. 추석에 고향을 찾지도 못할 정도로 상태는 심각했다.

형은 가을 무렵에 부산 영도 태종대 근처로 사업장을 옮겼다. 이번에는 호황을 이루었다. 그다음 해에는 형의 거래처 사장이 직접 방문해서 감사의 인사를 할 정도였다. 그러니 형이 내게 취업 대신 대학에 가라고 권유했을 것이다. 형은 내게 학비 걱정은 하지 말고 공부만 하면 된다고 했다. 그래서 나도 대학생이 될 수 있었다.

내 공부와 관련해서 또 한 분의 형을 빼놓을 수 없다. 김태용 형이다. 이분은 친형보다 세 살 위다. 강원도 산골에 살 때 태용 형은 태기산에 설치된 전파중계소에 근무했다. 전자공학도였다. 형은 태용 형과 만나며 친분을 쌓아 오다 자연스럽게 의형제로 맺어졌다.

태용 형은 전파중계소 근처에서 홀어머니와 살았다. 우리 집과 태용 형 집은 약 4킬로미터 정도 떨어졌는데 험하고 높은 고개가 군데군데 있어 한 번 왕복하려면 세 시간이나 걸렸다. 우리 삼 남매는 태용 형 어머니의 수양아들과 딸이 되었다. 형은 군에 입대하며 태용 형에게 중학교 입학하는 내 학비를 부탁했다. 수양어머니는 수양아들인 내게 학비와 함께 공부를 독려하는 편지를 중학교 3년 내내 보내주셨다.

태용 형의 근무지가 경남 울산과 경산으로 바뀌었어도 여전히 내 하숙집으로 보내는 수표와 편지는 끊이지 않았다. 내가 부산의 고등학교 재학 중에는 학비가 거의 무료였는데 형은 학비 대신 용돈을 수시로 보내 주었다. 이게 끝이 아니다. 내가 대학에 입학할 때 태용 형은 충남 대덕연구단지 연구소에 근무했는데 대학 등록금 전액을 책임졌다. 또 대학 입학 초기에는 태용 형 집에서 기거하다가 하숙집을 구했다. 형과 수양어머니는 내가 집에 들를 때마다 형수님 몰래 수시로 용돈을 쥐어 주셨다. 물론 형수님도 알았을 테지만 내색하지 않았다는 게 맞을 것이다.

  수양어머니는 강원도에 사실 때와 마찬가지로 경남 울산과 경산에서도 해마다 여름이면 강원도 산골 우리 집을 다녀가셨다. 우리 집에 오실 때마다 우리나라 최고의 울산 미역과 미역귀를 한 뭉치씩 짊어지고 오셨다. 고혈압 증세가 있는 아버지를 위한 귀한 식품이었다.

  수양어머니는 잠시도 쉬지 않는 분이었다. 산골 집에 도착하자마자 바로 옷을 갈아입고 밭으로 가는 걸 당연하게 여겼다. 아버지나 엄마가 만류해도 일을 내려놓지 않았다. 그렇게 약 1주일씩이나 하시는 일을 우리 집이 산골을 떠날 때까지 해마다 하셨다. 어찌 그뿐일까. 수양어머니는 언제 어느 곳에서나 밤낮없이 뜨개질을 돌아가실 때까지 쉬지 않았다. 우리가 흔히 부지런하다는 말을 쓰는데 수양어머니에게는 크게 부족한 표현이다.

　태용 형의 형수님 또한 잊을 수 없는 분이다. 내가 찾아뵐 때마다 고등학교 다닐 때나 대학을 다닐 때나 변함없이 반갑게 맞이해 주셨다. 특히 대학 입학 초에는 몇 달씩이나 기거하며 폐를 끼친 게 지금도 잊히지 않는다. 내가 대학을 졸업하고 교사가 된 후에도 내 생활을 챙겨 주신 분이다. 세상 물정에 어두운 내게 수시로 조언을 아끼지 않았지만 내가 그에 부응하지 못해 그저 죄송할 뿐이다.

　이제, 수양어머니가 돌아가시며 대전 태용 형을 찾아뵈는 게 뜸해졌다. 그나마 다행스러운 게 있다. 서울에 사는 둘째 조카를 띄엄띄엄 만나며 지난 일을 돌이켜 보는 것이다. 내 공부의 대부분은 두 형의 지원으로 이루어졌다. 물심양면의 결과를 눈감는 날까지 잊을 수는 없다. 두 형이 없었더라면 나는 오지 중의 오지에서 좁은 하늘만 바라보며 인생을 마쳤을 것이다. 두 형이 나를 오늘의 나로 만들었다.

누나

 아버지는 내게 참으로 자상한 분이었다. 아버지가 마흔두 살에 얻은 막내라서 그랬을 것이다. 아버지가 집을 떠나 내 곁에 없게 되면 나는 좌불안석이었다. 이럴 때 두 살 위 누나는 내게 절대적 존재였다. 모든 것을 따라 하는 게 당연했고 누나가 시키는 대로 움직였다. 그럴 수밖에 없는 이유가 있었다. 형은 10년이나 위였으니 내게 도움이 되지 않았다. 오히려 피하려고 했다.

 누나가 초등학교에 입학한 날부터 홀로 남은 나는 도저히 견딜 수가 없었다. 어느 날 나는 학교 가는 누나 뒤를 졸졸 따랐다. 험한 산골길 2킬로미터 거리에 있는 학교에 도착한 이후가 문제였다. 나는 누나 교실에 따라 들어가지 못했다. 운동장 귀퉁이를 서성이다 집으로 돌아오곤 했는데 숲속 오솔길 곳곳에 무서운 것들이 있었다. 뱀이나 개구리는 괜찮았는데 묘지가 문제였다. 대낮인데도 묘지를 지날 때마다 고개를 돌리고 한참을 걷다 보면 무엇인가 나를 잡아당기는 느낌이 드는 것을 어찌할 수가 없었다.

그러다 제 풀에 지쳐 그만두고 말았다. 그냥 집에서 누나를 기다리는 게 훨씬 좋았다. 한 해가 지나고 나자 나는 엄마를 졸랐다. 나도 학교에 보내 달라고 말이다. 바로 엄마와 함께 학교에 갔는데 선생님은 조건부로 입학을 허락했다. 공부를 따라가지 못하면 내년에 다시 오라는 말이 오랫동안 귀에 맴돌았다.

나는 아버지와 형의 도움을 받으며 학교 공부를 놓치지 않으려 애썼다. 아버지는 특별한 일이 없는 한 초등학교 6년 내내 밤늦게까지 내 숙제를 도와주셨다. 호롱불을 켜 놓고 아버지가 가르치는 수학과 한문 공부는 평생 내 재산이 되었다. 그래서 내가 수학 교사가 되었는지도 모른다.

나는 초등학교 내내 누나가 없으면 불안했다. 특히 4학년 무렵, 누나와 함께 인근 군부대의 군인이 초등학교를 방문해서 가르치는 야간 영어 수학 학습을 마치고 한밤중에 귀가할 때는 더 심했다. 아버지가 앞산 언덕에서 남매의 호롱불 빛을 보고 외치는 "오냐? 이제 오냐? 어서 오거라!" 소리를 듣고 나서야 안심이 되었다.

아버지는 초등학교를 졸업하는 누나에게 "막내가 초등학교 졸업할 때 함께 중학교에 보내 줄 테니 1년만 기다리거라" 하셨다. 그런데 아버지는 1년 후 중학교 입학 대신 누나에게 열아홉 마리나 되는 소를 맡겼다. 그래도 누나는 아무런 말을 하지 않았다.

내가 중학교 입학 후부터 2년 동안은 그야말로 소용돌이의 시작이었다. 아버지는 한 해에 소를 여덟아홉 마리씩 팔았다. 그 돈은 채소 농사를 확대하는 영농자금으로 쓰였다. 채소 농사는 풍년이었다. 게다가 값도 좋았다. 아버지는 스무 번째로 채소를 싣고 집을 떠난 후 무려 한 달이 넘어서 돌아오셨다. 그 당시 내가 봤던 거래장에는 한 트럭당 약 15만 원에서 20만 원 정도의 순수익이 있었다. 아버지는 단순 계산으로 대략 300만 원 이상의 현금을 지녔을 것이다.

아버지는 형이 근무하는 경기도 파주군 주내면 연풍리에 있는 미군 부대를 방문했다. 형은 현금이 가득 들어 있는 아버지 가방을 보자마자 "아버지, 딴 데 가지 마시고 바로 집으로 가세요" 하며 귀가를 독촉했다. 그런데 알았다고 끄덕인 아버지는 연천군 백학면 채소 재배지로 향했다. 그곳에서 아버지는 채소밭을 밭떼기로 계약했는데 불행하게도 그해 때 이른 된서리가 내리며 무와 배추는 그대로 얼어 버렸다.

중학교 2학년 늦가을 어느 날 귀가하던 아버지는 학교로 나를 찾아오셨다. 이발은커녕 면도조차 못 한 텁수룩한 모습에 불과한 얼굴로 말이다. 선생님의 부름에 아무런 영문도 모른 채 교실을 나와 교무실에 들어서는 순간 아찔했던 기억이 아직도 남아 있다.

중학교 3학년 4월 초순쯤이었다. 어느 주말에 하숙집을 나와 산골 집으로 향했다. 아니, 집이 없었다. 우리 집은 해체하여 다른 곳에 다시 집을 지어야 하는 상황이었다. 아버지가 터를 잡은 곳은 원래 집에 갈 때보다 1시간 정도 덜 가는 곳이었다. 이사 전에 들었던 기억을 더듬어 찾아갔다.

아버지는 터를 닦고 계셨다. 그 당시는 기계라는 것은 전혀 없고 모든 것을 사람 손으로 해야 하는 상황이었다. 부모님은 임시로 이웃집 방 한 칸을 빌려 살고 계셨다. 할아버지는 고모님 댁으로 가셨고 누나는 어디로 갔는지 보이지 않았다.

일단 옷을 갈아입고 아버지가 하는 일을 돕다 보니 날이 저물었다. 잠자리에 누워 엄마에게 물으니, 엄마는 대번에 눈물을 글썽이며 말을 맺지 못하셨다. 이제 겨우 열일곱 살인데 돈 벌러 보냈다는 걸 견디기 어려워하셨다. 나는 아무런 말도 꺼내지 못하고 뒤척이다 그냥 잠이 들었다.

사실, 누나는 3월 내내 이전에 살던 곳을 오르내리며 나무를 심었다. 산골 마을을 조림하는 데 노무자로 일했다. 한 달여 기간 동안 조림 사업장에서 일하고 바로 대구 근처에 있는 수양어머니 댁으로 떠난 것이다. 수양어머니 말씀이 일리가 있었다. 산골에서 배운 것 없이 나이가 들면 결혼에 지장이 있다. 그러니 사회생활을 해 보는 게 낫다고 하셨다.

그해 여름이 지나갈 무렵, 누나는 어느 방적 회사에 취업했다. 기숙사 생활을 하며 주간에는 일하고 야간에는 산업체 부설 중학교에 등록했다. 그런데 야간 근무 및 잔업에 시달리며 공부를 계속하기가 어려웠다. 마침내 고민 끝에 공부를 중단하고 말았다.

한편, 형이 세 번째로 옮겨 사업이 호황을 누리던 그해 초겨울에 할아버지가 돌아가시며 우리 집은 격랑에 휩싸였다. 할아버지는 1978년 12월 2일 토요일(음력 11월 3일)에 돌아가셨는데 아버지는 충격을 염려해 누나와 내게 연락하지 않았다.

그런데 할아버지가 돌아가시고 한 달이 되기 전인 크리스마스 이후 어느 날, 아버지와 엄마는 부산으로 이사했다. 형이 이사하자는 고집을 꺾지 못하고 마음 약한 아버지와 엄마는 정든 고향을 떠나고 말았다. 그로부터 약 7개월 동안 여덟 번이나 이사하는 혼란 끝에 아버지와 엄마는 부산 영도 태종대 근처에 정착했다.

내가 대학 3학년 무렵, 형은 누나를 부산으로 데려오려는 계획을 세웠다. 회사에서 사표를 수리해 주지 않기에 가짜 청첩장이 필요했다. 형은 내게 부산 서구 서대신동 인쇄소에 가서 가짜 청첩장을 만들어 누나에게 보내도록 했다. 그 가짜 청첩장은 효과가 있었다. 회사에서 사표를 수리해 주는 사유로는 제격이었다. 누나는 바로 부산으로 왔다.

형 말 한마디에 부산으로 온 누나는 견디기 힘들었다. 일하던 사람이 일을 하지 않게 되는 상황을 생각해 보라. 더욱이 살던 곳도 아닌 타향에서 친구도 없는 곳에서 말이다. 또 아무리 가족일지라도 헤어져 살던 사람이 다시 모여 살면 없던 스트레스가 생겨나는 법이다. 그래서 결혼도 서둘렀을 것이다. 게다가 아버지 건강도 문제였다. 아버지는 누나가 결혼하고 2년이 못 되어 돌아가셨다. 그 당시 내가 몰랐던 게 있다. 아버지는 당신의 운명을 알았을 테지만 철저히 숨겼다.

수십 년이 지나 엄마는 내게 아버지가 떨군 회한의 눈물을 전했다. 나와 누나에게 숨겼던 슬픈 내막이 너무 서럽다. 김현승의 시 「아버지의 마음」에 있는 "아버지의 눈에는 눈물이 보이지 않으나, 아버지가 마시는 술에는 항상 눈물이 절반이다"라는 말이 사실이었다. 그래서 더 슬프다.

다시 세월이 한참 흘렀지만 "짐승은 커 가면서 서로 떨어져 산다. 사람도 마찬가지다. 떨어져 살던 네 누나가 얼마나 힘들었겠냐?"라고 하시던 엄마 말씀이 또렷하게 떠오른다. 그러니 엄마도 누나 결혼을 쉽게 허락하셨을 것이다. 누나는 늘 부모님 말씀대로 따랐다. 누나는 살아오면서 한두 번쯤 부모님에게 거슬리는 일도 하고 싶었을 텐데, 그런 걸 하나도 하지 못했다. 아니 하지 않았다. 그 또한 나와 무관하지 않다. 세월은 여전히 무정하게 흘러간다. 슬픔도 그렇다. 기억이 희미해지지만 잊히지는 않는다. 나만 그런가. 아니면 누나도 그런가.

두 사촌 형

나는 군에 입대한 후 외가 작은형을 처음 만났다. 내가 대학교 4학년 때 형을 만나러 대전에서 춘천까지 찾아갔지만 만나지 못했다. 그 후 군에 입대한 곳은 경기도 포천 외가 근처였는데 작은형이 찾아왔다. 아버지 부고를 받고 내게 전달하러 온 것이었다. 그날은 1984년 12월 31일이었다. 형은 내 부대의 소대장과 함께 눈 덮인 논밭을 가로지르며 힘겹게 스케이트장을 찾았다. 대대장으로부터 청원 휴가 허락을 받고 연대본부로 가서 휴가증을 발급받느라 갖은 고생을 했다.

군에서 제대하고 1년간 떠돌이 생활하는 동안 나는 형에게 의지했다. 나는 아버지 죽음을 받아들이지 못했다. 게다가 예정된 교사 발령을 받지 못하자 떠돌이 생활로 마음을 달래려 했다. 물론 형 말고도 다른 친척 형들에게 기대기도 했지만, 외가 작은형에게 제일 많이 의지했다. 형은 떠돌아다니는 내게 일자리까지 알선해 주었다. 그러다 엄마 생각, 기일, 명절에는 어쩔 수 없이 귀가하곤 했다.

이듬해 서울에서 교사가 된 이후부터 나는 형에게 더 의지하기 시작했다. 낯선 곳에서 마음 둘 곳 없던 나는 수시로 형을 찾았다. 형은 내가 귀찮을 때도 있었을 텐데 한 번도 싫은 내색하지 않고 나를 맞이해 주었다. 그러니 틈만 나면 찾아갔을 것이다. 그러다 결혼 이후 대학원 진학을 하며 더 많이 형 신세를 지게 되었다. 형은 그 당시 정부부서 재정경제원에 근무하고 있었는데, PC 구매에서 석사논문 준비 과정까지 모두 안내해 주었다.

그뿐만이 아니다. 결혼 후 내 집 마련에 필요한 정보까지 알려 주었다. 그러니 내 생활 거의 모두를 형에게 의지했다고 하는 것이다. 내가 스스로 한 것은 겨우 책과 LP 음반을 사 나르는 것밖에 없었다. 반대로 형이 없었다고 생각해 보면 그저 아찔할 뿐이다.

한편, 내가 외가 큰형을 처음 만난 건 교사 발령 첫해였다. 외가 막냇동생이 허리를 다쳐 병원에 입원했을 때 병문안을 가며 형과 형수를 만났다. 그 후 나는 형 집을 편안하게 드나들며 작은형 못지않게 의지가 되는 걸 느꼈다. 몇 년이 지나자 형은 내게 결혼 일정을 물었다. 나는 청계천 등지의 책방에 들락거리는 데 빠져 있던 터라 결혼과 관련한 대답을 하지 못했다. 그러자 형은 1년 내로 결혼하지 않는다면 하숙하지 말고 형 집으로 오라는 것이다. 나는 형수님이 엄마 못지않게 편안한 분으로 느끼고 있었기에 망설임 없이 서울 하숙집을 나와 의정부 형 집으로 갔다.

형 집은 다른 어느 집과 비교할 수 없는 낙원이었다. 특히 형수님이 나를 편안하게 해 주었다. 형수님은 가끔 내게 "어데 가서 아기를 낳아 오면 아기를 봐주겠다" 하시며 농담하듯 진담을 건넸다. 나는 그런 말이 거의 귀에 들어오지 않았다. 그 당시 내 마음은 오로지 책에 빠져 있었을 때였다. 그런데 내가 누리던 즐거움은 오래가지 못했다. 형이 다니는 회사가 강원도로 이전하며 나는 다시 1년 만에 하숙으로 돌아갔다.

그로부터 2년 후 결혼하며 다시 형과의 인연이 이어졌다. 아내가 큰딸을 낳고 나서 장모님이 큰딸을 키우게 되었다. 이전에는 장모님 건강이 그런대로 괜찮았지만, 아기 돌보는 게 힘겹다 보니 그만 병이 생기고 말았다. 과로로 인한 목디스크 질환이 나타났다. 나는 다른 선택을 할 상황이 아니었다. 형에게 바로 요청했다. 그때 나는 승용차가 없었다. 형이 대전 장모님 댁까지 와서 우리 가족과 아기용품 등을 싣고 원주로 향했다.

원주까지 가는 내내 아내는 불안감을 떨치지 못했다. 결혼식장에서 잠깐 얼굴만 봤던 형제들의 면모나 성향을 어찌 알 수 있었겠는가. 내가 형수님은 이러저러한 분이라 아무리 설명해도 아내는 이해하지 못하는 것 같았다. 아내는 원주에서 큰딸과 함께 형수님을 만나 하루를 보내고 나서야 안심한 것 같았다.

나와 아내는 주말마다 원주로 달려갔다. 형과 형수님은 늘 우리와 함께 큰딸을 데리고 강원도 심산유곡을 누볐다. 우리가 가지 못할 때도 두 분은 큰딸을 데리고 떠나는 캠핑과 여행을 마다하지 않았다.

이와 별개로 형님 내외는 수시로 반찬을 만들어 보내 주었다. 초겨울이면 김장해서 서울까지 가져다주기도 했다. 지금도 온갖 반찬을 만들어 전해 주는 수고를 30년이 넘도록 계속해 오고 있다.

큰딸은 네 살이 될 무렵 서울 우리 집으로 왔다. 이어서 얼마 되지 않아 작은딸이 태어나며 작은딸도 형님 댁으로 보냈다. 작은딸도 큰딸과 다를 바 없이 형님 내외분의 사랑을 흠뻑 받으며 자라는 행운을 누렸다. 형수님은 두 아이를 연이어 키우면서도 한결같은 모습을 전혀 잃지 않았다.

그뿐이 아니었다. 형님 댁의 두 조카 또한 두 딸에게 사랑을 더해 주었다. 그 당시 대학생, 고등학생이던 조카들이 귀찮아했을 법도 한데 그런 일은 전혀 없었다. 오히려 그 반대였다. 이제 장성한 조카들에게 뒤늦게나마 고마움을 전한다.

서울에서 나와 아내가 두 딸을 키웠다면 원주에서 형님 내외가 해낸 성과의 절반도 이루지 못했을 것이다. 게다가 강원도의 전원에 흠뻑 빠지는 걸 상상이나 했을까. 두 딸은 형님 댁에서 한없는 사랑을 받고 풍요로운 유아 시절을 보낼 수 있었다. 두 딸에게 행운이 닿아 큰 복을 누린 셈이다.

외가 사촌 형 두 분은 내 인생 여러 면에서 감사할 대상으로 남아 있다. 우리 집이나 외가 모두 친척이 많지 않다. 그러니 많지 않은 사촌 형제 중에서 내가 의지할 수 있는 형제의 수가 적을 수밖에 없다. 그러나 형제의 수가 적은 것은 문제되지 않는다. 오히려 그 반대다. 진정한 의지를 할 수 있는 형제가 핵심이다. 두 사촌 형은 내 일을 자기 일처럼 챙겼다. 거기에 형수들 또한 마찬가지였다. 그러니 내가 오랜 세월 동안 형들에게 의지할 수 있었을 것이다. 새삼 감사드린다.

슬픈 기타

 록 밴드의 정수는 기타다. 어느 록 음악 전문가는 록 밴드에서 여타의 구성들은 모두 기타를 보조하는 수단에 불과하다고 말한다. 과연 그런가. 그렇다면 드럼, 베이스기타, 키보드, 보컬 모두 기타에 종속된 존재가 되고 만다. 물론 록 밴드라 하면 대체로 3인조나 4인조, 5인조인데 너무 심한 말 아닌가. 그런데 어떻게 보면 크게 틀린 것 같지도 않다. 반대로, 록 밴드에서 기타가 없다고 가정해 보라. 록 음악이 가능하겠는가. 특히 전기 기타의 위력을 떠올려 보면 더욱 분명해진다. 그런 기타에 얽힌 슬픔이 아직도 내게 남아 있다.

 학교 정규 교과 과정에 동아리 활동이 있다. 교과 연계 동아리도 있지만 대체로 교과나 학년과 무관한 동아리가 대부분이다. 한때 나는 문화체험반 동아리를 담당했다. 한 달에 토요일 하루를 교외에서 영화감상, 미술관 관람, 도서관 또는 서점 탐방, 헌책방 순례 등으로 활동했다.

 서울 송파구 문정동 로데오 거리 근처의 중학교에 근무

할 때다. 어느 날 출근길에 기타의 신이라 불리는 신중현 선생을 만났다. 이전부터 로데오 거리에 있는 신중현 선생의 스튜디오 'Woodstock'을 방문해서 록 음악 감상을 의뢰해 보려던 참이었다. 나는 정중히 인사하며 소개했다. 그러자 신중현 선생은 겸손하게도 깍듯한 자세로 인사를 받으며 교사에 대한 존경을 나타냈다. 그와 동시에 동행하던 제자들에게 나를 가리키며 인사를 시키는 것이었다. 나는 그때 마침 읽고 있던 『록의 대부 신중현』을 가방에서 꺼내 사인을 요청했다. 필기도구를 꺼낸 다음 책 앞표지를 흰 면이 보이게 펼쳐서 신중현 선생 앞으로 내밀었다. 신중현 선생은 정성스럽게 사인한 후 내게 돌려주었다. 나는 감격해서 다시 크게 인사하며 우드스톡 스튜디오를 방문하고 싶다고 하니 언제든 환영한다는 말로 나를 기쁘게 했다.

사실 그 무렵, 신중현 선생 홈페이지에는 여러 개인과 단체가 공연 요청 및 스튜디오 방문 요청 기록이 쌓여 가고 있었다. 그런 마당에 스튜디오 방문 허락을 얻고 보니 여간 기쁜 게 아니었다. 그날 당장 내가 맡고 있는 동아리 반장에게 우드스톡 방문 계획을 알렸다. 그런데 일은 생각처럼 잘 풀리지 않았다.

어느 날, 나는 퇴근길에 스튜디오를 찾아갔다. 인터넷 방송하는 공연 관람을 요청하자 신중현 선생은 거절은 아니지만 어려운 점을 말했다. 제자들과 함께 공연해야 하는데 "제자들도 먹고사는 게 먼저라 그들과 시간 맞추기가 만만치 않다"는 말씀에 죄송한 마음이 들었다. 나는 좀 더 기다려 보겠다는 말로 인사하고 돌아섰다. 그 후 여러 차례나 스튜디오를 방문했지만, 번번이 허탕이었다. 5월이 지나가면서부터는 초조해지기 시작했다. 어느 순간부터는 도대체 신중현 선생을 볼 수가 없었다.

그러던 6월 어느 날이었다. 교내 교사 식당에 식사하러 가는 길에 교문 밖 도로를 지나가는 신중현 선생을 보았다. 나는 즉시 달려 나갔다. 그런데 신중현 선생 일행은 감쪽같이 사라졌다. 난감한 노릇이었다. 나는 이집 저집 음식점 문을 여닫으며 형사가 탐문 수사하듯 살펴 나갔다. 마침내 맨 끝 어느 음식점에 앉아 있는 신중현 선생 일행을 발견하고 다가갔다. 신중현 선생 또한 어쩐 일이냐며 자리에서 일어섰다. 그간의 사정을 전하며 7월 1학기가 가기 전에 공연 관람을 원한다고 하니 며칠 시간을 달라고 했다. 다음 주에 스튜디오에서 만나기로 약속하고는 학교로 돌아왔.

약속한 날 스튜디오를 찾아가니 공연 준비로 어수선했다. 그래도 신중현 선생은 7월 어느 토요일 오전에 제자들과 연주할 테니 오라고 허락했다. 바로 거의 한 학기 만에 이루어 낸 감격이 밀려왔다. 게다가 신중현 선생은 스튜디오가 비좁아 작은 의자만 놓는 걸 양해해 달라며 나를 더 미안하게 했다.

  7월 약속한 날에 문화체험반 학생들을 데리고 우드스톡 스튜디오를 방문했다. 제자들은 드럼연주자와 베이시스트 두 명이 와 있었다. 공연을 시작하며 신중현 선생은 걱정이 많았다. 50여 년 음악 활동을 해 왔지만 이렇게 어린 학생들 앞에서 연주하는 게 부담된다고 말했다. 조심스러워하는 분이었다. 학생들을 위해 연주 사이사이에 록 음악에 대한 안내 및 설명을 곁들여서 지루하지 않도록 애쓰는 모습이 역력했다. 게다가 어린 학생들을 고려해서 그런지 격렬한 록 음악 연주는 제외한 것 같아 아쉬움이 남았다. 하여튼 1950년대부터 2000년대에 이르기까지의 대표곡들은 거의 다 들려준 것 같았다.

  공연이 끝나고 스튜디오를 나올 때 나는 공연의 감동을 어떻게 말로 표현할 수가 없었다. 학생들도 마찬가지였을 것이다. 한국 록의 대부이자 기타의 신이라는 명성이 자자한 신중현 선생의 공연을 어디에서 다시 볼 수 있을까. 그것도 바로 우리 자신만을 위한 단독 공연을 말이다. 아마 학생들은 평생 잊지 못할, 다시는 못 볼 공연이었을지도 모른다. 그렇지만 문화체험반 회비로 세 분의 연주자에게 수박, 참외 등의 과일 꾸러미 한 상자를 드린 게 감사 표시의 전부였다. 민망하지만 어쩔 수 없는 노릇이었다.

나는 신중현 선생의 허락을 받아 디지털카메라로 공연 전체를 모두 촬영했다. 학교로 돌아와 확인해 보니 촬영 위치가 애매했던 탓인지 공연 화질이 좋지 못했다. 그래서 신중현 선생에게 알렸더니 자신이 녹화한 파일을 두 개로 나누어 보내 주셨다. 정말 감사하기 이를 데 없었다.

신중현 선생의 연주를 우드스톡 스튜디오에서 감상하던 날 밤은 잠을 이루지 못했다. 공연을 돌아보며 신중현 선생에게 감사하는 마음을 조금이나마 표현해야 한다는 생각을 학생들과 공유하게 되었다. 다음 동아리 활동 시간에는 신중현 선생이 쓴 『록의 대부 신중현』을 읽는 시간으로 정했다. 이를 위해 20여 권의 도서를 구매했다. 문화체험반 학생들에게 나누어 주고 독후감을 작성하게 했다. 독후감은 모두 파일로 작성하여 신중현 선생에게 보냈다. 나도 감사 편지를 쓴 것은 물론이다.

신중현 선생의 어린 시절은 2차 세계대전 말 만주의 상황을 살펴봐야 한다. 유럽에서 이탈리아와 독일이 항복한 후에도 일본은 단 한 사람이 남을 때까지 결사 항전한다고 외쳤다. 미국은 소련을 부추겼다. 마침내 소련의 스탈린은 8월 초에 대일 선전포고를 했다.

극동의 소련군은 스탈린 명령 즉시 만주로 들이닥쳤다. 마침내 8월 19일에 관동군은 항복했다. 전리품이 상당했다. 일본군 60만여 명을 생포했다. 아울러 만주 산업시설을 뜯어내 아무르강 너머와 연해주로 옮겨 놓았다. 중국의 장개석이나 모택동은 내전 중이라 동북 지역을 쳐다볼 겨를이 없었다.

소련군을 비웃는 우스갯소리도 있다. 군화나 신발이 없는 소련군은 방직공장의 천을 주워다가 '발싸개'로 쓰며 만주 전역을 활보했다는 것이다. 소련군은 만주를 접수한 후 패전국 일본 본토로 상륙하는 대신 압록강과 두만강을 건너 한반도로 내려왔다. 그 속도가 워낙 빠르다 보니 당황한 미국의 위관급 장교가 자를 들고 38도선을 그으며 타협할 때 소련 측은 너무 기뻐 돌아서서 웃었다는 말이 있다.

하여튼 그 몇 년 전에 신중현 선생은 만주에서 태어났다. 조국이 광복될 때 귀국 열차에 오르며 비극이 시작되었다. 그의 아버지가 이발사였기에 살림은 어렵지 않았다. 가재를 정리하고 오른 귀국 열차는 소련군이 통제했다. 휴대한 금품을 모조리 훑어갔다. 빈털터리가 되고 말았다. 어쩌면 우리 아버지가 일본에서 귀국할 때 빈털터리가 된 것처럼 말이다. 귀국 후 부모님이 세상을 떠나며 여동생마저 영양실조로 명을 달리했다. 그는 소년 가장이 되었다. 그런데도 음악에 대한 열정과 천재성을 잃지 않았다.

나는 초등학교 5학년 때 처음으로 기타를 치기 시작했다. 중학교 1학년 말까지 기타 연주를 했으니 대략 3년 정도의 기간이었다. 기타 연주가 중학교 1학년으로 끝난 사연이 있다.

중학교 1학년 겨울 방학이었을 것이다. 기타 1번 줄이 끊어져 40리 길을 걸어 시장에 갔다. 기타 줄을 사서 40리 눈길을 돌아와 보니 기타가 박살이 나 있었다. 그와 함께 록밴드 기타리스트라는 꿈은 부서진 기타 잔해 속으로 사라졌다. 이게 내 기타에 얽힌 마지막 장면이다.

신중현 선생의 기타 연주를 들을 때마다 지난 세월이 떠오른다. 그 후 신중현 선생을 몇 차례 더 만났다. 어느 날 스튜디오를 찾았더니 키드록(Kid Rock)을 한다며 아이들과 연습하고 있었다. 간간이 들려오는 소식은 아직도 대단하다. 팔순이 지났는데도 여전히 음악을 하고 있다. 노익장이라는 말로는 매우 부족하다.

선생님 은혜

중학교 3년 동안 담임 선생님은 총 세 분이었다. 두 분이 합쳐서 한 학기, 한 분은 2년 반을 함께했다. 중학교 입학 후 처음 만난 선생님은 인사이동이 잘못되었는지 한 달도 안되어 다른 학교로 가셨다. 몇 주 지나서 오신 선생님은 한 학기를 마치고 입대로 떠났다. 2학기가 되어 새로 오신 선생님은 졸업할 때까지 학년이 두 번이나 바뀌는 데도 그대로 담임의 인연이 이어졌다.

세 분 모두 수학 선생님이었다. 나는 중학교 입학하기 전에 선행학습으로 중학교 수학 영어 공부를 해 놓았다. 초등학교가 산골의 분교였지만 인근 군부대 군인이 저녁마다 수학 영어를 가르쳐 준 덕분이었다. 학원이나 과외라는 말을 상상조차 할 수 없었던 산골에서 도시 못지않게 수학 영어를 선행 학습한 것은 축복이었다.

담임 선생님은 담임 반 학생뿐만 아니라 가르치는 모든 학생에게 애정을 쏟았다. 그중 대표적인 게 SBS 모닝와이드에 나왔던 여학생이다. 선생님은 그 여학생 자취방에 연탄을 들여놓거나 학습자료 및 용돈까지 쥐어 주셨다. 밤에는 학생들 공부방을 두드리며 졸지 말고 공부하기를 독려하셨고, 목덜미에 종기 난 학생에게 고약을 사서 붙여 주는 것도 봤다.

그보다 더한 사랑을 더 많이 받은 학생은 바로 나였다. 나는 고입 입학 원서를 다섯 번이나 썼다. 모두 공짜로 다닐 수 있는 학교를 찾기 위해서였다. 제일 처음 쓴 곳은 당시 대전에 있던 공군 소속의 기술학교였다. 신체검사 및 시험을 치르기 위해 춘천 병무청으로 갔다. 처음으로 여관 숙박을 했다. 병무청에서는 신체검사 후에 시험을 봤는데 1차 시험에서 20여 명 중 다섯 명이 합격했다. 2차 시험은 대전에서 있었는데, 나와 한 친구는 가지 않았다. 2차에 세 명이 응시해서 최종 2명이 합격했다.

두 번째는 원주시에 있는 고등학교였다. 3년 장학생 모집에 응시했는데 시험 보러 가지 않았다. 담임 선생님이 알아보니 모집 요강과 다르게 1년 장학생이었다. 세 번째는 멀리 부산에 있는 고등학교였다. 서류전형에서 합격하여 친구와 함께 2차 시험에 응시했다.

하숙하던 나는 미리 여비를 준비하지 못해 친구와 함께 산골 우리 집으로 향했다. 학교에서 점심 식사 후, 세 시간을 걸어 집에 들러 여비를 마련하고 다시 두 시간 반을 걸어 버스를 탈 수 있는 청일면 소재지에 닿았다. 그때 둔내면 소재지 근처에 살던 친구를 한겨울에 무려 대여섯 시간씩 걷게 했다. 친구가 평지도 아닌 눈 덮인 고갯길을 걷는다는 게 여간 어려운 일이 아니었을 것이다.

홍천군 서석면에서 오는 버스를 타고 횡성읍, 원주시외버스터미널을 거쳐 원주역으로 갔다. 중학교 2학년 때 수학여행 가다 처음 본 열차를 처음으로 탔다. 청량리에서 출발한 중앙선 열차는 밤새도록 달려 아침 8시에 해운대역에 닿았다.

마중 나온 선배의 안내로 숙박을 정하고 2차 시험에 응시했는데 둘 다 합격했다. 그 후 예비소집일이 12월 어느 날이었는데 원주에 있는 고등학교 입학시험 날이었다. 담임 선생님은 밤늦게 출발하는 열차를 놓치게 되면 다음 날 원주에서 시험을 보라고 하셨다. 그렇지만 우리는 수험표를 찢고 부산행 열차에 올랐다.

또 하나는 모교 병설 둔내면의 고등학교였다. 담임 선생님은 내심 장학생을 기대했던 것 같다. 하지만 나는 시험에 응시하지 않았다. 지금도 만나는 한 친구는 10명에게 주는 장학금을 기대하고 둔내면에 있는 고등학교에 응시했는데

11등을 하는 바람에 고등학교를 포기하고 말았다.

   담임 선생님은 참 대단하셨다. 지금과 달리 모두 손으로 쓰는 원서에 사진을 오려서 붙이고 도장을 여러 곳에 찍어야 완성되는 것이었다. 모든 것을 손으로 하나하나 작성하는 게 만만치 않았을 텐데 한 학생에게 고입 원서를 무려 다섯 번씩이나 써 줬으니 말이다.

   세월이 흘러 교사가 된 후에도 선생님을 종종 찾아뵈었다. 그때마다 선생님은 내게 가르침을 그치지 않았다. 그 덕택으로 큰 어려움 없이, 이렇다 할 손가락질 받는 일 없이 교직을 정년퇴직할 수 있었다. 새삼 고개를 숙이게 된다. 선생님, 고맙습니다!

영어의 추억

지금도 기억나는 중학교 1학년 영어 방학 숙제가 있다. 영어 알파벳을 인쇄체 대문자와 소문자로, 필기체 대문자와 소문자 총 네 가지로 20번씩 쓰는 것이었다. 나는 숙제를 하다가 지루해서 누나에게 숙제를 부탁하기도 했다.

그때 처음 배운 영어 문장이 생각난다. "Good morning. How are you?"보다 먼저 배운 문장은 "I am a boy. You are a girl"이었다. 저 문장을 문법 이해 말고 도대체 어디에 써먹을 수 있을까. 하지만 이런 푸념은 아무것도 아니다. 고 신영복 선생은 그보다 더 심한 문장을 배웠다. "I am a dog. I bark!"

영어 선생님은 단어 외우기를 무척 강조하셨다. 8절 켄트지를 길이 방향으로 이등분한 다음 매직펜으로 굵게 단어를 썼다. 1학년 영어책 뒷부분 색인 목록에 나열된 대로 a/an, animal부터 zoo까지 450여 단어 카드를 만들었다.

중학교 1학년 늦가을로 기억한다. 선생님은 영어 시간마다 학생을 세워 놓고 단어 카드를 보여 주었다. 카드를 빠른

속도로 넘기는데 단어의 뜻을 제때 대답하지 못하면 몽둥이찜질을 받았다. 몇 차례 단어 학습이 이어지며 영어 시간은 그야말로 공포에 떠는 분위기가 되어 갔다. 잘 맞추는 단어 카드는 점점 사라져 갔다.

나도 어쩔 수 없었다. 선생님이 넘기는 카드 속도를 따라가지 못하며 박박머리를 얻어맞고 말았다. 굵직한 몽둥이가 머리에 닿으며 번쩍하는 순간 아찔한 충격에 비틀거렸다. 눈물을 떨굴 겨를조차 없었다. 교실은 온통 적막에 휩싸였다. 영어 잘하는 애라고 소문난 나도 피할 수 없는 상황을 바라보는 친구들 공포는 엄청났을 것이다.

마침내 사달이 났다. 다음 날 옆 반 최 군이 머리를 얻어맞자마자 기절하고 말았다. 주번이 물을 떠 오고 반장이 왔다 갔다, 하며 교실은 온통 혼동이었다. 다행히 최 군은 얼마 후 깨어났다. 그 후로 영어 단어 외우기가 좀 완화되기는 했지만, 여전히 긴장 상태를 벗어날 수가 없었다.

중고등 병설학교에서 주로 고등학생만 가르치던 선생님이 코흘리개를 겨우 면한 중학교 1학년 학생을 가르치다 보니 성에 차지 않는 게 많았을 것이다. 아마 우리는 수업에 집중하지도 못했을 것이다. 어릴수록 산만한 게 특징이다. 그러니 끊임없이 꾸중해야 하고 그것을 무한 반복해야 하는 게 선생님의 숙명일지도 모른다. 그때는 영어가 미국만큼이나 아주 멀리 있는 느낌이 들었다.

중학교 3학년 때 영어 선생님도 1학년 때 영어 선생님 못지않았다. 이분은 키가 무척 큰 데다 호리호리하신 분으로 교단에 올라 교탁을 짚고 서면 훨씬 더 커 보였다. 3월에 부임하신 선생님은 3월 말 고사가 시작되기 전에 3학년 특수반 모두에게 영어책임점수를 부여했다. 현재 금지하고 있는 특수반에 대해서는 설명이 필요하다.

전년도 고입 성적이 좋지 않아 중학교에서는 별도의 특수반 편성 고사를 실시했다. 네 개 반 250여 명을 학년 석차 50여 명만 떼어 내 한 반으로 만들었다. 그러니 그 반은 학급 석차와 학년 석차가 똑같았다. 게다가 잔인했다. 학년 석차 50등 전후의 학생들은 학년 석차가 바뀔 수밖에 없었다. 그러니 월말고사를 치를 때마다 특수반 학생 이동이 있었다. 새롭게 들어오는 학생은 기쁨이었지만 나가는 학생은 슬픔이었다.

나는 특수반 편성 고사 성적이 좋지 않았다. 가정 형편상 고등학교 진학이 힘들다고 생각한 나는 시험을 성의 없이 대강 치렀다. 그러니 상위 성적이긴 했지만, 영어책임점수가 낮을 수밖에 없었다. 그해에 새로 오신 영어 선생님은 1,

2학년 때 내 영어 성적을 모르는 게 당연했다. 그에 따라 나는 1학기 말까지 모든 특수반 학생이 매 맞는 걸 강 건너 불 보듯 할 수 있었다.

그렇지만 그런 평화가 계속될 수는 없었다. 세상은 공평하다. 1학기 말 무렵, 뒤늦게 내 이전 성적을 확인한 영어 선생님은 내 영어책임점수를 대폭 상향 조정했다. 그에 따라 2학기 월말고사 때마다 매 맞는 것을 당연하게 여기고 말았다.

특히, 선생님은 여학생조차 예외를 두지 않았다. 남학생 40명, 여학생 14명인 특수반에서 책임점수 미도달 남학생은 엎드려서 긴 몽둥이로 허벅지를 20대씩 맞았다. 여학생은 실내화를 벗고 책상 위에 올라서서 발가락을 20대씩 맞았다. 그중 두 명의 여학생은 내가 좋아해서 집적거리기도 했는데 그들은 내게 눈길 한 번 주지 않았다. 하여튼 그 두 여학생이 매 맞을 때는 '좀 봐주시기를' 바랐지만 내 기대는 늘 빗나갔다.

나는 지금도 그때 그 두 여학생을 가끔 만난다. 그때 일이 생각나느냐고 물을 때마다 "그걸 어찌 잊을 수 있겠니?" 하며 반문한다. 하여튼 그때 그토록 엄하게 영어를 배운 덕에 영어책을 읽을 수 있게 되었고 번역한 책을 출판도 했다.

영어 선생님이 우리를 너무 무섭게 몰아붙인 건 맞다. 그렇지만 영어 선생님 열정만큼은 그 어느 선생님과 비교할 수 없을 만큼 대단했다는 생각이 더 강하다.

돌아온 건달

기석 형은 작은고모 큰아들이다. 형은 나보다 다섯 살 위였는데 성격이 급했다. 중학교를 졸업하고 고등학교 등록까지 마쳤지만 '그까짓' 학교를 뭣 하러 다니느냐 하고는 돌아섰다. 이때부터 고모의 시련이 시작되었다.

형은 '하지 말라는 짓은 거의 다' 한 사람이다. 그러니 고모나 고모부의 고난은 이루 말할 수 없었다. 고모가 사는 시골 동네는 형과 죽이 잘 맞는 한 친구가 있었는데 온 마을의 골칫거리였다. 시골 마을 행사 때마다 어김없이 나타나 난동을 부렸다. 오죽하면 할머니들조차 저 두 인간을 잡아가는 귀신은 어디로 갔냐며 혀를 찼다. 마을에서는 그 둘을 '건달'이라 불렀다.

그런데 건달이라는 칭호는 너무 과했다. 사실 건달이 인도에서는 요정에 가까운 존재였는데 우리나라에 와서는 하는 일 없이 빈둥거리는 존재로 변질되었다. 조직폭력배나 깡패를 가리키는 말로도 쓰였으니 대체로 부정적인 의미였다.

하여튼 형은 집에서나 동네에서나 마주치면 피해야 할 대상으로 지목되었다. 그러니 어느 곳이든 환영하는 데가 없었다. 다행히 우리 아버지만이 유일하게 그 형을 '사람대접'해 주었다. 아버지는 형을 욕하거나 꾸짖는 법이 없었다. 늘 온화한 말씀으로 타이르셨다. 그러니 당연하게도 설이나 추석 명절에 형은 빠트리지 않고 우리 집으로 왔다. 어느 가족도, 어느 친척도 거들떠보지 않는 사람이었다. 나도 싫어했지만, 나이가 위인 형이라 드러내지 못할 뿐이었다.

나는 산골에서 멀리 떨어진 중학교에 다니며 학교 근처에서 하숙했다. 그야말로 낯선 동네였다. 그 당시 시골은 어느 곳에서나 텃세가 심했다. 이를 모를 리 없는 형은 가만있지 않았다. 내가 중학교에 입학할 무렵, 형은 면 동네 9개 리에 있는 건달들을 불러 모았다. 형은 건달들에게 "내 동생을 건드리는 놈은 그 누구라도 가만두지 않겠다"며 윽박질렀다. 그들도 형의 성깔을 익히 알고 있던 터라 요구를 받아들인 것 같다. 그러니 내가 중학교 내내 건달들로 인한 피해를 보지 않은 것이다.

고등학교 때는 내가 저 멀리 부산으로 떠나는 바람에 형의 위력과는 관계가 없었다. 그동안 형을 만날 일도 없었다. 내가 집을 떠나 있었고, 얼마 되지 않아 부모님이 부산으로 이사하는 바람에 더 이상 만나지도 못했다. 또 형이 군에 입대해서 한동안 소식이 끊어진 상태였다.

그러다 내가 대학생이 되던 해 겨울에 군복 입은 형을 부산에서 만났다. 예전에는 형과 나이 차이도 있고 무서운 점도 있고 해서 웬만하면 피하기 일쑤였다. 이제는 나도 성인이 되었으니 형과 이야기하는 데 거리낌이 없었다.

형은 강원도 홍천군에서 군을 제대하며 가까운 횡성군 시골의 본가로 가지 않고 먼 부산으로 왔다. 나는 왜 집에 들리지도 않고 부산으로 왔냐고 물었다. 형은 "나를 사람 취급해 준 사람은 우리 아버지 어머니도 아니고 오직 외삼촌밖에 없었다"며 말문을 열었다. 이어지는 이야기는 구구절절 모두 옳은 말들뿐이었다.

그러고는 내 걱정을 했다. "너는 군대 가면 선임병에게 대들지 마라"며 자신은 대들고 저항하다 여러 번 기절하며 쓰러졌다고 말했다. 어떨 때는 군 병원에 후송되어 한 달 넘게 입원하기도 했단다. 나는 형과 술 한잔하며 주고받는 이야기 내내 내 걱정을 해 주는 게 너무나 고마웠다. 다음 날 형은 바로 고향집으로 떠났다.

그 후 형은 경기도 포천의 군부대 군무원으로 취업이 되었다. 형은 직장에서 봄, 가을로 휴가가 있을 때마다 고향

집에 가서 봄에는 부치미를, 가을에는 추수하고 부대로 돌아갔다. 시골 마을에서는 형이 "군대 가서 사람 되었다"며 사내 녀석들은 역시 군대 가야 사람이 된다는 말이 널리 퍼졌다.

나는 대학 졸업 후 입대까지 약 6개월 동안을 기다리고 있었다. 그 무렵 형의 결혼식이 있었다. 아버지는 간경화로 배에 복수가 차서 불룩한 배를 안고서도 형의 결혼식에 가기로 하셨다. 주위에서는 말렸지만, 아버지와 엄마는 그야말로 장한 조카라며 결혼식에 참석하기로 했다. 나는 바로 입대해야 하는 일정으로 인해 9월 초 새벽에 부산역으로 향하는 아버지와 인사한 게 마지막이었다. 아버지는 그로부터 넉 달이 못 되어 군대 간 나를 찾으며 돌아올 수 없는 먼 길로 떠나가셨다.

군무원이 된 형의 근무처는 내가 입대한 부대 근처였다. 어느 날 형이 면회를 왔다. 형은 나를 데리고 포천 이동면 시장으로 갔다. 식사와 술을 내게 권하면서 형은 술 한 잔 받지 않았다. 형은 "나는 예전에 많이 먹었다"며 사양했다. 게다가 내 주머니에 용돈까지 넣어 주었다.

형은 군무원으로 여러 사람의 믿음을 얻은 것 같다. 인근 부대 무기류 등의 물품을 관리하는 형은 곳곳의 검문소 장교들도 신뢰하고 있었다. 내가 부대를 나와 이동할 수 없는 지역으로 갈 때 검문소 장교들은 나를 그냥 통과시켜 주었다.

나는 제대하며 형 집을 찾아갔다. 안타깝게도 형은 출장 중이어서 만나지 못하고 대신 형수에게만 인사하고 돌아섰다. 그 후 몇 년 지나지 않아 형에게 불행이 왔다. 전방 지역에서 근무하며 유행성출혈열이라는 희소한 질병에 걸리고 말았다. 그 병의 특징이기도 하지만 형은 발병한 지 겨우 일주일 만에 세상을 떠나고 말았다.

형은 서울의 한 병원에서 장례를 치를 때까지 무려 한 달 이상을 지체했다. 그동안 승용차도 귀하던 시절에 군부대 동료들이 돌아가며 병실과 영안실을 지켜 주었다. 군부대 동료들은 모두 "너무 착해서 하느님이 데려갔다"며 이구동성으로 슬퍼했다.

오랜 세월이 지났지만, 영화 「친구」의 주연 배우 유오성의 대사가 떠오른다. 그는 "그 누구도 자기를 바른길로 이끌어 주려는 사람이 하나도 없었다"며 분개했다. 그렇다. 어떤 한 사람만이라도 문제아를 이끌어 준다면 그는 바른길로 돌아오게 된다. 아버지와 사촌 형의 사례가 분명히 보여 주고 있다.

학교 폭력

학교 폭력이라는 말이 언제부터 쓰이기 시작했는지 아리송하다. 그 이전에 왕따, 이지메, 일진 등 여러 형태로 학교 폭력을 상징하는 말들이 있었다. 학교 폭력은 일그러진 교육의 현주소를 말하는 것 같아 무척 불편하다.

예나 지금이나 학교 폭력은 늘 있었다. 다만 예전에는 학교에서 교육적인 면을 고려하여 처리했던 반면에 지금은 학교 밖에서 법적인 면을 강조하다 보니 교육 본래의 목적과는 거리가 멀어지는 느낌이 든다. 어떻게 하든 어려운 것은 틀림없지만 학교에서 일어난 일을 외부 기관에 맡기는 것은 재고할 필요가 있다는 생각이다.

나는 초등학교에서 혼자 중학교에 진학했기에 의지할 친구가 없었다. 이때 나를 돌봐 준 사람은 바로 건달 사촌 형이었다. 형은 내가 중학교 입학할 무렵에 힘 좀 쓰는 건달들을 을러댔다. 동생을 건드리면 가만두지 않겠다고 말이다. 그래서인지 중학교 내내 선배 또는 건달에게 불려 가 물리적 폭력을 당한 적은 없었다. 그런데 문제는 엉뚱한 곳에서 나타났다.

중학교 2학년 때였다. 같은 반에 얼굴이 거무튀튀하고 체격이 엄청난 녀석이 아무 때나 괴롭히는데 어찌해 볼 도리가 없었다. 거의 1년이 되도록 허다하게 시달리다 보니 내 인내도 한계에 이르렀다. 선생님께 얘기해 볼까, 사촌 형에게 도움을 청할까 생각해 봤지만 둘 다 못하고 있었다.

그러던 어느 날 나는 그 녀석을 죽이기로 작정했다. 내 손으로 죽이면 된다고 생각했다. 그러고는 그다음 일을 상상해 봤다. 사람을 죽이면 감옥에 가야 하는데 몇 년이나 될까. 무기징역은 아닐 거야. 정당방위라는 것도 있다는데. 뭐 이런 것들이었다. 또 이런 상상도 했다. 학교나 직장은 끝났다. 산골에서 농사나 지어야 한다. 그러면 엄마는? 아버지는? 아, 그건 나중에 용서를 빌자. 이런 식의 어처구니 없는 생각을 하면서도 멈출 생각을 하지 못했다.

어느 날 친구 형이 운영하는 철물점에 갔다. 그곳에는 크기와 모양이 다양한 여러 종류의 칼들이 있었다. 이것저것 들었다 놨다 하기를 반복하는 중에 친구 형이 뭘 사려고 하느냐고 채근했다. 당황한 나는 다음에 오겠다고 하고는 냉큼 철물점에서 나왔다. 엄마가 부엌에서 사용하던 칼만 보던 나는 그렇게 많은 칼을 보고 혼란스러웠다. 다음 날 다시 철물점에 갔지만 결국 칼을 사지 못했다.

그 후 웬일인지 그 녀석은 나를 괴롭히지 않았다. 아마 내 눈에 독이 올랐을지도 모른다. 사람을 죽이려는 내가 평소와는 다르게 보였을 수도 있다. 하여튼 내가 칼을 사려던 날 이후부터 무려 1년 가까이 계속되던 폭력에서 벗어났다.

훗날, 중학교 졸업 30주년 기념 동창회에서 그 녀석을 찾았더니 한 친구가 짧게 말했다. "벌써 죽었어!" 나는 무엇에 얻어맞은 것처럼 멍하게 허공을 바라봤다. 슬펐다. 내가 복수하지 못해서가 아니라 그 녀석이 벌써 죽었다는 사실 때문이다. 내가 그 녀석을 만나고 싶었던 까닭이 있다. 왜 무슨 이유로 나를 그토록 괴롭혔는지 확인하고 싶었다. 그런데 친구의 다음 한마디가 나를 더 슬프게 했다. 그 녀석이 엄마 없이 컸단다. 결손가정 아이라는 말에 부끄러운 감정이 스멀스멀 올라왔다. 게다가 피해의식과 서글픔이 뒤섞이며 혼란스러웠다.

요즈음 학교 폭력으로 시끄럽다. 툭하면 변호사 대동하고 학교에 들이닥치는 학부모가 있다. 몇 년 전부터 학교 폭력 처리를 교육청에서 전담하고 있어서 그나마 다행이지만 그 처리 시간 또한 몇 달씩 걸리기도 한다. 예전에 가볍게 넘어가던 일들이 지금은 그렇지 않다. 매사가 분명한 게 좋지만, 학교에 대한 믿음이 사라져 간다는 생각이 들어 씁쓸하다.

학교 폭력은 내가 학생일 때보다 훨씬 심해진 것 같다. 그렇다면 학교는 그동안 무엇을 해왔던 말인가. 헛교육이었다는 자괴감에 헛웃음마저 나온다. 그렇다. 교육 당국의 구조적 병폐가 불러온 헛교육이 맞다. 감출 수 없는 부끄러움이다. 이런 현실을 마주하며 정년퇴직하는 나도 부끄럽기는 마찬가지다.

괴로운 술

전 세계에 술 없는 곳이 없다니 술은 모든 사람이 먹는다고 할 수 있겠다. 동양에서는 제례 음식에서 발전했다고 하지만 이와 다르게 환자 치료용이었다는 말도 있다. 바로 의(醫)라는 글자에 술 유(酉) 자가 들어 있다. 곡식이나 과일이 숙성되며 자연스럽게 술이 되기도 하지만 인위적으로 만들어 내는 게 대부분이다.

그 술을 잘 마시는 사람이 있는가 하면 전혀 마시지 못하는 사람이 의외로 많다. 안 먹는 사람이 있겠지만 못 먹는 사람도 있다. 이를테면 사람 몸에는 술 알코올 분해 효소가 대부분 두 가지가 있는데, 한 가지만 있거나 아예 둘 다 없는 사람도 있다.

동료 교사 중에 술을 안 먹는 사람이 있었다. 교사 연찬회로 숙식을 함께하던 중에 몇몇이 맥주를 마시게 되었다. 나는 맥주가 알코올 농도가 낮은 술이라며 후배 교사에게 한 잔을 권했다. 몇 차례 나누어 먹는 것을 보고 함께 잠자리에 들었다. 그런데 그 후배는 새벽까지 잠들지 못했다.

술에 부대끼며 시달린 것이다. 맥주 한 컵 때문에 토하기도 하며 화장실을 들락거린 끝에 잠이 들었다. 다음 날 보니 입술이 부르트며 초췌한 모습이었다. 그는 과학 교사답게 자신의 처지를 잘 알고 있었다. 자신은 알코올 분해 효소가 둘 다 없단다.

뭐 멀리 볼 것도 없다. 내 아내가 그렇다. 결혼 초에 내가 맥주를 마실 때마다 아내에게 한 컵씩 권하곤 했다. 아내는 내 술 동무할 겸 조금씩 마셨는데 이게 문제가 되었다. 얼굴이 벌겋게 되는 건 이해된다. 문제는 목덜미까지 붉어지며 헉헉거리다 못해 아예 견디기 어려워하는 것을 본 이후로 나는 아내에게 술을 권하지 않는다. 그때는 알코올 분해 효소가 있는지 없는지조차 몰랐을 때였다.

나는 술을 먹기는 하는데 잘 먹지 못한다. 많이 못 먹는다. 바꾸어 말하면 술에 약하다는 뜻이다. 누구든지 술자리에 가면 술을 피하기 어렵다. 술 권하는 분위기를 피하지 못하니 당연하게도 똑같은 일을 반복하고 만다.

고등학교 2학년 가을쯤이었을 것이다. 강원도 고향을 찾았다가 부산으로 가는 길이었다. 원주역에서 밤 11시 18분 보통 급행열차를 타야 하는데 시간이 남았다. 원주고를 다니는 친구 하숙집을 찾았다. 친구들은 나를 보더니 반갑다며 술을 사 왔다. 나는 놀랐지만 그렇다고 친구 집에서 뛰쳐나오지도 못했다. 당시 강원도에서 생산하는 경월 소주에 요구르트를 부었다. 아마 쓰디쓴 소주 맛을 희석하려는 시도였을 것이다. 난생처음 먹는 소주였다. 서너 명의 친구들이 몇 잔씩 마시는데 안주라고는 새우깡과 크래커 과자뿐이었다.

10시 30분경에 나는 일어섰다. 친구들과 헤어져 원주역에서 열차를 기다리는데 속이 뒤집히고 있었다. 승차권을 손에 들고 이동하는데 복통이 밀려들었다. 힘겹게 열차에 오르긴 했는데 보통 급행열차는 많이 붐볐다.

열차는 청량리역에서 출발하여 부산역까지 밤새도록 가는 중이었다. 좌석제가 아닌 데 사람이 많다 보니 앉기는커녕 서 있을 곳을 찾기도 어려웠다. 속이 뒤틀리고 벌건 얼굴에 식식거리다 보니 사람들이 쳐다보는 것 같았다. 나는 슬며시 교복 명찰을 가리고 객실에서 나와 열차 연결 출입구로 갔다. 오르내리는 계단에 앉아 가슴을 움켜쥐었다.

소주는 어렸을 때부터 할아버지, 아버지와 함께 마시던 술과 달랐다. 게다가 저녁을 먹지 않은 빈속에 소주를 들어부으니 속이 오죽했을까. 속은 뒤틀리는데 구토가 나지 않으니 더 괴로웠다. 시간이 흐르며 추위도 몰려왔지만,

나는 열차 객실로 들어갈 수 없었다. 객실에 사람이 많은 것보다는 교복 때문이었다. 그대로 버텼다. 그렇게 밤새 시달리며 날이 새기를 기다린 끝에 열차는 부산 해운대역에 도착했다.

기숙사 방에 들어서니 고향 갔던 친구들 몇몇이 와 있었다. 친구들은 나를 보자마자 어디 아프냐고 물었지만, 대답이 힘들었다. 그냥 속이 쓰리다며 침대로 쓰러졌다. 나는 식사하러 오라는 방송을 몇 차례나 들으면서도 하루 내내 꼼짝하지 않고 이불을 뒤집어쓰고 있었다. 그 이튿날이 되어서야 겨우 기운을 차리고 자리에서 일어났다.

구토와 관련한 로마인 이야기가 있다. 고대 로마인들은 식탐이 대단했다. 배가 부른데도 다시 먹기 위해 손가락을 목구멍에 넣어 강제로 구토를 유도했다. 아니면 조류의 깃털로 목구멍을 자극해 구토했다. 그러고는 다시 음식을 먹었다. 이에 불편함을 느낀 로마인들은 처음 식사할 때 미리 실을 함께 삼켰다. 실이 한참 넘어간 다음 실의 한끝을 손에 쥐고 있다가 구토가 필요하면 화장실에서 한 손에 쥐고 있던 실을 잡아당겼다. 손가락을 목구멍에 넣어 구토하는 것보다는 훨씬 수월했을 것이다. 그런데 이러한 이야기들은 모두 오해에서 비롯되었다. 사실과 다르다는 말이다.

하여튼 로마인들은 더 먹기 위해 구토했다. 나는 괴로움을 잊기 위해 구토하려 했다. 어쨌거나 나는 구토하는 법을 몰랐다. 훗날 경험한 것이지만 속이 뒤틀릴 때 구토만큼 시원한 것도 없다. 구토하는 순간은 민망하더라도 속은 편안해진다. 몰래 먹은 술로 벌 받은 것 같다. 이래서 술은 어른들 앞에서 배워야 한다는 말이 있는 모양이다.

연말연시에 송년회니, 신년회니 하며 술 모임이 잦다. 식사 후에는 으레 술 한잔하는 것을 당연하게 여긴다. 게다가 2, 3차 술 모임 역시 마찬가지다. 젊은 시절에야 밤늦도록 술을 마셔도 아무렇지 않았다. 하지만 요즈음 아무리 환갑 지난 사람을 노인으로 쳐주지 않는 시대라 할지라도 개인차가 있다. 또 늙어 보이지 않더라도 60년 넘게 사용한 몸뚱이가 술을 견디는 데는 한계가 있다.

현진건이 쓴 100여 년 전의 소설 『술 권하는 사회』를 떠올릴 필요도 없다. 술도 음식인데 그 음식을 누가 강제로 먹이지 않는다. 술자리 분위기를 이겨내지 못한 자기 잘못이다. 스스로 마셔 놓고 남 탓할 게 없다. 이래저래 술자리가 무섭지만 피하기도 만만찮다. 그러니 술을 안 마셔도 괴롭다.

약속 위반

　세상 모든 일은 약속으로 시작해서 약속으로 끝난다. 아주 하찮은 일이든 엄청난 일이든 모두 같은 경로를 따른다. 약속은 한 가지를 의미해야 한다. 예를 들면 시간과 장소는 반드시 하나뿐이어야 하는 게 당연하고 다른 조건은 필요 없다. 그저 지키기만 하면 된다.
　그런데 우리는 약속을 지키지 못하는 경우가 종종 있다. 그러고도 구차한 변명으로 대신하기도 한다. 약속의 의미를 간과하는 일이다. 그 약속 중에서 특히 친구와의 약속은 또 다른 의미가 있다. 서로의 믿음으로 이루어진 둘만의 약속은 강제력은 없을지라도 친구의 의미를 생각해 본다면 심사숙고해야 한다.
　우리는 친구라는 말을 아무에게나 함부로 붙이지 않는다. 친구(親舊)는 그야말로 오래도록 친하게 사귄 벗이다. 친구라면 힘들 때 부르면 어디든지 달려가고, 함께 있을 때는 행복한 관계를 지속할 수 있어야 한다.
　나는 나이 들도록 살아오면서 친구란 무엇인가와 관련해

서 보고 들은 말 중 단연 최고는 '또 다른 나'라고 생각한다. 그리스 수학자이자 철학자였던 피타고라스가 한 말이다. 바로 '나를 대신할 수 있는 사람'이라는 뜻이다. 과연 나에게는 그런 친구가 몇 명이나 있을까를 떠올려 보면 열 손가락 아니 다섯 손가락조차 남는다는 것을 고백할 수밖에 없다.

어렸을 때 아버지에게 한문을 배우며 진정한 친구의 의미를 되새기는 이야기를 들었다. 다들 아는 이야기일 것이다. 어느 부유한 집안의 아버지가 아들을 시험하기로 했다. 아들이 늘 저잣거리에서 친구들과 흥청거리며 아버지 말을 귀담아듣지 않았기 때문이다. 아버지는 돼지 한 마리 잡아 자루에 넣은 다음 아들을 불러 놓고 아들에게 말했다.

"내가 술을 먹고 시비가 일어 실수로 사람을 죽였다. 시체가 이 자루에 들어 있으니 아들이 친구들을 불러 깊은 산속에 암매장해다오!"

아들은 저잣거리 친구들을 찾아서 부탁해 봤지만 늘 술을 얻어먹고 놀아 주던 그들은 하나같이 모두 외면했다. 빈손으로 집에 돌아온 아들이 보는 앞에서 아버지는 친구를 불러 놓고 부탁했다. 그러자 아버지 친구는 어떠한 동요나 망설임 하나 없이 "알았네!"라는 짤막한 대답과 함께 자루를 어깨에 둘러멨다. 아버지 친구가 대문을 나서려는데 아버지는 자루를 낚아채 마당에 내려놓았다. 바로 돼지를 꺼내며 아들에게 말했다.

"진정한 친구가 없는 것은 친구가 하나도 없는 것과 다름없다. 어려울 때 친구가 진정한 친구라는 말이 있다. 또 다른 나 같은 친구는 하나만으로도 충분하다."

나는 고등학교 때 친한 친구가 몇 명 있었다. 2학년 때 친구 오 군과는 마음이 잘 통했다. 그해 여름방학이 될 무렵, 친구는 경남 어느 시골 고향집 주소를 적어 주며 놀러 오라고 했다. 나는 흔쾌히 답했다.

그러나 아르바이트할 줄 몰랐던 나는 여비를 마련하지 못해 포기했다. 편지로 못 간다고 연락이라도 해야 하는데 그러지도 못했다. 개학이 되자 나는 친구 볼 낯이 없었다. 친구는 짤막하게 "기다렸는데……"라며 아쉬움만 슬쩍 드러내고는 넘어갔다.

3학년 때 또 그랬다. 친구 김 군 역시 방학을 맞아 경남 시골로 떠나며, 약도에 교통편까지 알려주며 초청했다. 지난해에 실수한 것을 떠올리며 이번 여름에는 꼭 친구 집을 방문하겠다고 다짐했다. 그러나 이번에도 약속을 지키지 못했다.

2학년 말에 부산으로 이사 온 부모님은 7개월 동안 무려 여덟 번이나 이사를 거듭하고 있었다. 나는 부모님께 여비를 달라는 말을 하지 못했다. 방학이 끝나고 나는 또다시 친구 앞에 고개를 숙일 수밖에 없었다. 그때 그 친구가 한 말이 아직 귓가에 남아 있다. "120% 준비해 놓고 있었는데……."

살다 보면 약속을 지키지 못하고 인간관계에 사달이 나는 경우가 있을 수 있다. 하여튼 약속은 가볍든, 무겁든 관계없이 지켜야 마땅하다. 오죽하면 지키지 못할 약속은 하지도 말라는 말이 있을까. 그런데 나는 친한 친구와의 약속을 두 번씩이나 어겼으니 기가 찰 노릇이었다.

이와 반대로 내 친구가 약속을 어겨 허탈했던 기억이 있다. 대학 4학년 봄 즈음이었다. 대학 시절 만났던 한 친구는 나보다 1년 먼저 졸업하고 회사에 취직했다. 어느 날 친구가 나를 찾아왔다. 혹시 인근 연구소에 아는 사람이 있느냐고 물었다. 나는 연구소에 친척 형님이 근무한다고 대답했다. 그러자 친구는 형님을 소개해 달라고 했다. 나는 그게 뭐 어려운 일이냐며 시간 날 때 오라고 하고는 헤어졌다.

며칠 후 친구는 회사 승용차를 인솔해서 다른 사원들과 함께 학교를 찾아왔다. 나는 형님에게 전화하고는 그들과 함께 연구소로 갔다. 나는 그 이전부터 연구소에 우리나라 공공기관의 고장 난 고가 전자 장비가 쌓여 있는 걸 알고 있었다. 그중에는 수리를 위해 생산지인 미국 또는 독일까지 여행하고 돌아온 것들도 많았다. 그런데 국내 연구소 기술진이 외국에서 수리에 실패한 장비들을 되살려 내고 있었다. 그래서 연구소는 정부로부터 훈장 및 지원금을 받기도 했다.

친구와 동행한 회사 직원들은 내게 말했다. 국내 폐자원 실태를 조사한다고 했다. 당연히 형님에게도 그 사실을 알린 건 물론이다. 연구소에 들어서니 기다리던 형님이 그들을 안내하며 친절을 베풀었다. 나는 그들의 용무가 끝나고 친구 회사 직원들과 함께 시내 모처로 나왔다. 나와 친구는 커피를 나누며 약속했다. 친구는 곧 첫 월급을 받는다며 들떠 있었다. 저녁을 후하게 사겠다는 걸 흔쾌히 받아들였다.

몇 주 지나서 나는 약속 시간에 맞추어 어느 커피점에서 친구를 기다렸다. 저녁 6시 약속인데 무려 두 시간이 지나도록 소식이 없었다. 허기진 배를 움켜쥐고 자취방에 돌아오니 9시가 넘어가고 있었다. 급한 대로 라면을 끓여서 허기를 면하고 자리에 누웠는데 잠이 오지 않았다.

다음 날 나는 대학 영문과를 찾아갔다. 친구는 영문과를 졸업했고, 친구 아버지는 그 영문과 교수였다. 아, 그런데 그들은 둘 다 없었다. 아버지는 몇 달 전에 대학을 옮기고 없었다. 공중전화로 회사에 전화하니 친구는 한 달 근무하고 사직했다는 답이 돌아왔다. 지난번보다 더 허탈했다.

나는 집으로 돌아오며 친구란 무엇인가를 되새겨 보았다. 혼란스러웠다. 그렇지만 잊기로 했다. 세월을 이겨낼 만한 그 어떤 것도 없다. 시간이 흐르며 차츰 잊혀 가고 있었다. 그러다 형님을 만났다. 대뜸 쏟아 내는 말씀이 끊이지를 않았다. "그 녀석들, 완전히 고물상이야!" "수리를 기다리는 장비들을 무조건 달라고 떼를 쓰는 거야!" "네 친구한테 얘기 좀 해 봐라!" 아, 미치겠다.

수학도 약속으로부터 시작한다. 수학에서 유일하게 기억할 것은 그뿐이다. 나머지는 모두 이해하면 되는 것들이다. 만일 약속을 무시하면 어떻게 될까. 수학은 무너진다. 친구도 마찬가지다. 만일 약속 장소를 두 곳으로 정하면 어떻게 될까. 친구가 어디로 온다고 생각하는가. 생각할 것도 없다. 친구는 오지 않는다. 동시에 두 곳으로 갈 수는 없다.

약속을 지키지 못하는 이유는 차고 넘칠 수 있다. 그러나 친구와의 약속을 그래서는 안 된다. 피타고라스가 말하는 친구의 의미를 알고 있다면 약속할 때 신중해야 한다. 또 다른 나라는 말은 결코 만만한 말이 아니다.

물리 선생님

고등학교 2, 3학년 때 물리를 가르친 선생님은 그야말로 '퍼펙트'했다. 물리 시간이면 우리는 아베베 건물 앞쪽의 신관 물리 실험실로 이동했다. 물리 실험실에 들어서면 그날 배울 학습 주제가 칠판에 쓰여 있었다. 우리는 비록 10분도 되지 않는 짧은 시간이나마 각자 책을 펴 예습했다. 선생님이 가끔 던지는 질문에 긴장할 수밖에 없었던 우리는 예습하는 시늉이라도 해야 마음이 놓였다.

수업 시작을 알리는 노래 「여수(고향집)」 멜로디가 끝나자마자 선생님은 물리 실험실 안쪽 교무실 문을 열며 항상 정확한 시각에 칠판 앞에 서셨다. 조별 실험기기 테이블에 책과 공책을 펴놓고 앉아 있던 우리는 반장의 구령에 따라 선생님께 인사하며 수업을 시작했다.

선생님은 칠판에 쓰는 글씨체나 글씨 크기는 물론이고 띄어쓰기, 맞춤법 등 그 어느 하나 흠잡을 데가 없었다. 게다가 물리에 등장하는 온갖 그림도 거의 완벽하게 그리며 설명했다. 설명 그 자체도 그렇거니와 말씀 또한 군더더기

하나 없었다. 그냥 마이크만 연결하면 교육 방송으로도 손색이 없을 것이었다.

선생님은 첫 시간에 노트 쓰는 방법부터 가르쳤다. 노트를 적절히 구획을 나누어 단원 번호, 단원명, 학습 내용, 참고 사항, 주의 사항을 쓰도록 했다. 그 노트는 시험공부할 때 아주 유용했다. 어느 날 어떤 내용으로 학습한 상황이 노트 한 면에 온전히 드러나도록 정리해 두었기 때문이다.

어느 날 선생님은 칠판에 원주율 π=3.14159265358979323846264338 3279…(소수점 아래 30자리)를 써 놓고 쉬는 시간에 외우라고 했다. 두 시간 연속인 물리 시간 사이의 10분 동안에 외우기가 가능할까, 반신반의하면서도 우리는 집중했다. 화장실은커녕 다른 생각할 겨를 없이 10분이라는 제한된 상황에서 π를 중얼거리고 있었다. 두 번째 시간이 시작되자마자 선생님은 한 명씩 불러 세웠다. 외워 보라는 것이다. 60명 중에서 10여 명이 합격한 것 같다.

선생님은 정기고사 때마다 사지선다형과 서술형 25문항으로 출제했는데 시험이 끝나는 날 우리는 늘 단체로 영화를 관람했다. 학교 기숙사로 돌아오면 우리 마음을 짓누르는 오답 노트 작성 과제가 기다리고 있었다. 아니, 오답 노트가 아니었다. 선생님은 '모든 문제'를 노트에 다시 풀어 놓으라고 했다. 예를 들면, 선택형일지라도 왜 그 하나가 답인지, 다른 것들은 왜 답이 아닌지를 설명하라는 것이다. 게다가 물리 시험 문제는 그림이 많았다. 문제를 쓰고, 그림을 그리고, 다시 풀이하고 설명하는 게 여간 괴로운 게 아니었다.

고등학교 2학년 2학기 기말고사 때였을 것이다. 나는 친구들과 물리 시험 문제 정답을 맞춰 보던 중 100점이라는 확신이 들었다. 몇몇 친구들이 나를 부추겼다. 다 맞았으면 오답 노트를 작성할 필요가 없다는 것이다. 물론 나는 "잘 만든 오답 노트 하나 열 문제집 안 부럽다!"는 말을 모르지 않았다. 그런데도 오답 노트 작성에 싫증이 난 데다 친구들 하는 말을 오해한 나는 물리 선생님이 계신 교무실을 찾아갔다. "선생님, 저는 이번 물리 시험 문제, 다 맞혔습니다. 오답 노트 작성, 면제해 주실 수 있나요?" "네가, 다 알아?" "…….." 나는 선생님의 불같이 화난 모습에 더 이상 말하지 못하고 풀 죽어 돌아왔다.

선생님은 시험 끝나고 돌아오는 첫 수업에서 반드시 노트를 검사했다. 평소에도 엄격했지만, 오답 노트 검사는 더 심했다. 오답 노트를 작성하지 않은 친구들을 거의 한 시간 내내 혼쭐내는 게 다반사였다. 그러니 우리는 시험이 끝나자마자 물리 오답 노트 작성을 안 할 수가 없었다.

선생님은 교실에서뿐만 아니라 교실 밖에서도 남다른 분이었다. 교실을 벗어나면 선생님 대부분은 평범한 모습을 보일 때가 많다. 이를테면, 식사, 휴식, 흡연, 여가 등의 일상생활에서 선생님들은 우리 부모님 같은 분이구나, 하는 느낌을 받는다. 그런데 물리 선생님은 거의 그렇지 않았다.

고등학교 3학년 겨울 즈음이었다. 대입 예비고사가 끝난 다음 날 선생님은 나를 불렀다. 지금 당장 본관 인쇄실로 가라고 했다. 인쇄실에 들어서니 기사님이 대학 교재 물리학 원서 앞부분에 있는 벡터 부분을 인쇄해 놓고 책으로 묶는 작업을 하고 있었다. 나는 그곳에서 인쇄물 분량을 보고 질겁했다. 산더미처럼 쌓인 예비고사 문제지와 물리 학습 자료 두 가지를 나누어 정리하는 데 거의 하루 종일이었다.

처음 접하는 원서 자료에 친구들은 덜컥 겁을 냈다. 하지만 선생님이 가르치는 대로 따라 하다 보니 원서로 공부하는 것도 할 만하다는 생각이 들었다. 때로는 과제를 부여하며 발표도 시켰기에 부담스러웠지만 그럭저럭 따라갔다.

대학 입학 후 친구들이 이구동성으로 한마디씩 했다. "물리 선생님은 왜 고등학교에 계시나? 대학에 가서도 될 텐데." 그렇다. 나는 대학 1학년 두 학기 동안 물리학을 수강

하면서 아니 그 후에도 물리 선생님보다 낫다고 여겨지는 대학 물리학 교수를 보지 못했다.

나는 중등 수학 교사를 하는 내내 물리 선생님을 흉내 내려고 애썼다. 원주율도 소수점 아래 100자리까지를 정년퇴직한 지 3년이 지나도록 잊지 않고 기억한다. 그 바탕에는 고등학교 2학년 때 30자리까지 외운 원주율이 자리하고 있다. 판서를 하면서, 수학 개념을 설명하면서, 물리 선생님처럼 개념어를 한자와 영어로 설명하기를 따라 해 보았다. 그뿐인가. 노트 쓰는 방법, 시험공부하는 방법, 그림 그리기, 오답 노트 작성법 등을 물리 선생님처럼 흉내 내 보았지만 어림없었다.

우리 고등학교 선생님 중 많은 분이 대학교수로 영전했다. 물론 대학교수가 되었다고 해서 모두 훌륭한 선생님이라는 말이 아니다. 다만 고등학교 내내 훌륭한 선생님으로서의 자질을 유감없이 보여 주신 분들이 아주 많았다는 사실을 강조하고 싶을 뿐이다. 그중에서도 단언컨대 최고 선생님은 물리 선생님이었다. 그분은 바로 강정길 선생님이시다.

순박한 여인

 대학 시절 자취하던 집에는 고만고만한 방들이 여러 개 있었다. 그중에서 유난히 작은 방이 하나 있었다. 아마 덩치가 큰 사람이면 두 명, 작은 사람이면 세 명밖에 누울 수 없을 정도였다. 크기로만 따진다면 우리가 자취하는 방은 적어도 7~8명은 충분히 잘 수 있을 것이다.

 대학 3학년 여름이었다. 그 방에 젊은 부부가 이사 왔다. 살림도 단출했다. 남편은 키가 180센티미터가 넘어 보이는데 아내는 어린 데다 키가 작고 배가 만삭으로 보였다. 이삿짐도 손수레 하나에 실은 게 전부였다. 워낙 적은 이삿짐이어서 도와주고 뭐고 할 것도 없었다.

 어느 토요일 오후였을 것이다. 오전 수업이 끝나자마자 귀가했는데 마당에 그 여인이 서성이고 있었다. 마당 한가운데는 통나무들이 수북이 쌓여 있었다. 그녀는 안집 부엌 가마솥에 떡을 안쳐 놓았는데 나무를 어찌하지 못하고 있었다. 내가 도끼를 들고 한참 만에 모두 가늘게 패 놓았다. 그걸 만삭인 그녀가 부엌으로 나르는 걸 그냥 두고 볼 수는 없었다. 나는 "그냥 놔두세요!" 하고는 부엌 아궁이 앞으로 모두 옮겨 놓았다.

내가 땀을 닦고 있는 동안 아궁이에 불을 지핀 그녀는 부엌 문간에 서서 그냥 독백하듯 이야기를 시작했다. 장작을 패고 날라 준 고마움을 드러내는 느낌이 들었다. 이어서 저간의 사정을 이야기하는 것이었다. 친정은 이곳에서 그리 멀지 않은 시골이었다. 시댁 역시 그 이웃 동네인 것 같았다.

그녀는 초등학교를 졸업하고 가정이 어려워 서울 영등포의 한 공장에 취직했다. 산업체 학교가 있어서 공부도 할 수 있다는 사실에 머뭇거리지 않고 선택했다. 그렇지만 낮에 일하고 밤에 공부하는 게 어린 그녀에게는 견디기 쉽지 않았다. 그로부터 몇 년이 지나가며 일은 적응이 되었지만, 학업은 계속하지 못했다. 그러던 차에 고향 출신의 남편을 알게 되었다. 타향에서 외로움을 이겨내는 데 큰 도움이 되었다.

수년간 연애를 하던 중 지난해에 남편이 프러포즈했는데 가정 형편상 받아들이지 못했다. 그러자 남편은 결혼하지 않더라도 함께 살기를 독촉했다. 그런 분위기 속에서 동거가 시작되었고 배가 불러 왔다. 그녀는 회사를 나와 고향 친정으로 갈 수밖에 없었다. 하지만 친정에서는 열아홉 살 어린 딸이 결혼도 하지 않고 아기 낳는다는 것을 쉽게 받아들이지 못하는 것 같았다. 그러니 만삭의 몸으로 허름한 셋방을 얻어 나오게 되었을 것이다. 그저 친정엄마만 애가 탈 뿐이었다. 이야기하는 것으로 봤을 때 그녀는 임신이 무엇인지도 모른 채 아기를 갖지 않았나 하는 느낌이 들었다.

그러는 사이에 가마솥 떡이 다 쪄진 듯했다. 그녀는 떡을 꺼내자마자 "고수레!"를 하고서 먼저 주인집 할아버지에게 한 접시 올렸다. 이어서 내게 한 접시 가득 담은 떡을 주며 "장작 패느라 힘드셨지요!"라는 말로 고마움을 표시하려 애쓰는 것 같았다.

그녀는 근대 문학에 등장하는 순박한 여인의 초상처럼 여겨졌다. 아무리 시골 태생이라 할지라도 저토록 순수할 수 있을까, 하는 의구심이 들었다. 세파에 시달리면서도 나이 열아홉이 되도록 때 묻지 않고 순수한 마음을 간직해 왔다는 게 그저 놀라울 뿐이었다. 떡을 맛나게 먹으며 아무리 생각해 봐도 의문은 좀체 가라앉지 않았다.

저녁에 담배를 피우며 마당 가를 서성이는데 그녀의 남편이 귀가하고 있었다. 그는 나보다 나이가 위인데도 나나 친구를 보면 정중하게 인사하는 걸 당연하게 여기는 듯했다. 아, 이러지 마시라고 해도 여전했다. 어쩌면 옛날 머슴이 주인집 자제에게 대하는 것과 비슷했다. 그는 잠시 방에 들어갔다가 다시 나왔다. 나를 바라보며 낮에 장작을 패 줘서 너무나 고맙다며 연달아 허리를 굽히는 게 민망할 정도였다.

그들이 이사하고 두 주 후에 아기가 태어났다. 딸이었다. 중풍으로 거동이 불편한 주인집 할아버지는 오랜만에 공주님을 보았다며 싱글벙글하시며 셋방의 아기가 잘 자라기를 거듭 기원해 주셨다. 그런데 아기가 태어나고 보니 방이 너무 비좁았다. 결국은 아기가 백일도 안되어 가까운 옆집으로 이사했다.

비록 그들이 이사했지만 거의 붙어 있다 싶을 정도로 가까운 집이다 보니 오가며 수시로 그 가족을 볼 수 있었다. 그들은 여전히 나나 친구에게 깍듯이 인사를 했다. 우리는 그 가족에게 어떤 도움이 되었으면 좋겠다는 이야기를 나누기도 했다.

어느 날, 나는 동네 아주머니들이 그 가족에 대해 말하는 것을 듣고 심한 충격을 받았다. 아주머니들은 "애 엄마가 ABC도 모른대" "아기 옷에 쓰인 상표를 구분하지 못한대" "말하는 걸 보면 일자무식 같아" 등등의 말도 안 되는 것들이었다. 한 인간에 대한 무자비한 차별이자 폭력이었다. 그들은 아주 가볍게 하는 말이었지만, 내게는 무겁게 다가

왔다. 그들 중 일부는 내게 묵시적 동의를 구하는 듯한 말도 건넸다. 나는 아무런 말이 나오지 않았다. 어쩌면 그때 나는 평균에 못 미치는 인간 본성을 보았는지도 모른다. 그들은 자신보다 못하다고 여기는 사람을 업신여기거나 아무런 이유 없이 무시하는 듯한 말이나 행동을 가볍게 내뱉는 사람들이었을 것이다.

그 무렵, 길에서 아기 엄마를 만났다. 초췌한 모습이지만 여전히 내게 깍듯한 인사를 했다. 무안한 나는 인사받으며 어디 아프냐고 물었다. 그러자 남편이 오토바이 사고로 몇 주째 일을 나가지 못하고 있다며 약국에서 약을 사 오는 중이라고 했다. 서로 멀어지며 어서 빨리 완쾌되기를 바라는 마음을 전했지만 내가 무엇인가 도움이 되지 못했다는 생각에 끄달려지고 말았다.

그다음 해에도 그 부부를 띄엄띄엄 만나고는 했지만, 얼굴에는 늘 걱정이 가득한 모습들이었다. 하긴 날품으로 하루하루를 고되게 살아가는 사람들이 마음 편한 날이 있기나 할까. 어쩌면 나는 그 가장의 얼굴에서 내가 고등학교 2학년 때 도시로 처음 나온 아버지 얼굴을 겹쳐 봤는지도 모른다.

방아풀

　방아풀은 주로 경상도나 전라도에서 추어탕, 보신탕, 감자탕 등에 향신채소로 사용한다. 잎의 모양이 깻잎과 비슷하고 다만 크기가 작을 뿐이다. 나는 부산에 살기 전까지 방아풀을 몰랐다. 부모님이 부산으로 이사하고 나서 알게 되었다.

　내가 대전에서 대학을 다니는 동안 부모님은 부산 영도에 사셨다. 방학이면 부산에 가서 아버지와 엄마가 밭에서 뜯어 나르는 방아풀을 가까이에서 보았다. 강원도 산골에서 하루 종일 산나물을 뜯어서 짊어지고 귀가하던 풍경과 비슷했다. 두 분은 밭에서 기른 방아풀을 하루 종일 다듬고 묶는 일을 밤늦게까지 했다. 어느 새벽에 처음으로 그 방아풀 뭉치를 버스에 싣고 자갈치 시장으로 갔다. 그런데 값이 너무나 터무니없었다. 함께한 이웃 할아버지, 할머니들은 오랫동안 그렇게 해 왔다며 나물을 가게에 넘기고 가자고 했다. 처음 마주하는 곳에서 당황한 아버지는 그들을 따라 방아풀을 처분하고 돌아섰다.

둘째 날도 방아풀 뜯기는 계속되었다. 그렇지만 아버지와 엄마는 버스를 탈 때 자갈치로 가는 8번 버스 대신 더 먼 부전역 방향의 88번 버스를 탔다. 일종의 모험이었다. 아버지는 만일 그곳에서도 방아풀 값이 그렇다면 다시 자갈치 시장으로 가면 된다고 생각했다. 부전시장 입구에 좌판을 벌였다. 큰 보자기 두 개에 가득 담은 방아풀을 펼쳐 놓자마자 자갈치 시장 가격의 두 배 이상으로 순식간에 팔렸다. 아버지와 엄마는 신바람이 났다. 방아풀을 팔고 돌아온 아버지와 엄마는 그 사실을 이웃에 알렸다. 부전시장까지 이동 거리가 이전의 자갈치 시장보다 거의 두 배가 넘지만, 값이 후하다는 것을 홍보했다.

알고 보니 자갈치 시장의 방아풀은 그곳 상인이 전량 매입하여 부전시장에 되팔고 있었다. 그러니 당연하게도 값이 쌀 수밖에 없었다. 이웃 할아버지, 할머니들은 저 이사 온 황 영감이 새 시장을 알아냈다며 고마워했다. 게다가 아버지와 엄마가 가져가는 방아풀은 다듬기에 공을 들이고 품질이 떨어지는 것은 과감히 버렸기 때문에 식당에서 인기가 높았다.

반면에 그곳 토박이 할아버지 할머니들은 방아풀 가격이 너무 저렴하다 보니 대강 다듬은 저품질 나물을 적당히 섞는 게 습관이 되어 있었다. 그러니 토박이 할머니들은 부전시장에 엄마와 똑같이 좌판을 벌였지만, 아침이 지나도록 다 팔지 못하는 게 당연했다. 엄마는 방아풀을 다 팔고 나서 같이 갔던 할머니들을 그냥 멍하니 기다리고 있지 않았다. 바로 시장으로 가서 시장을 보았다. 먹거리와 소소한 생필품을 사고 손자, 손녀 물품도 사고 돌아섰다.

방아풀 판매에 자리가 잡히고 나자 아버지는 시장에 가지 않았다. 아버지는 엄마가 버스에 오른 다음 버스에 나물 보를 올려 주고는 돌아서서 다시 밭으로 갔다. 엄마가 방아풀을 팔고 돌아오는 동안 방아풀을 베어 집으로 돌아왔다. 그리고 두 분이 최상품 방아풀 만들기를 반복하고 있었다. 강원도에 살 때 산속에서 머루를 따서 팔던 형태와 비슷했다.

그렇게 아버지와 엄마가 방아풀로 매일 벌어들이는 수입이 여름 한철에는 초보 직장인 월급보다 많았다. 그런데 그 기쁨이 오래가지 못했다. 내가 군대에 간 사이에 아버지가 세상을 떠나며 방아풀 뜯기는 엄마 혼자 몫으로 남았다. 엄마는 아버지가 멀리 떠나고 나서도 10여 년 넘도록 그 일을 계속했다.

나는 군에서 제대하고 1년간 교사 발령을 받지 못했다.

그렇다 보니 나는 집에 있기가 힘들었다. 툭하면 떠돌기를 일삼았다. 가끔 집에 돌아올 때마다 엄마 혼자 방아풀 뜯는 것을 보았지만 거들기는커녕 외면하기 일쑤였다. 어쩌다 엄마가 멀리 떨어진 밭의 방아풀 보자기 뭉치를 들지 못해 도움을 요청해도 덥석 들어 나르는 것을 흔쾌히 하지 못했다. 엄마가 몇 번씩이나 애원하다시피 해야 겨우 마지못해 둘러메고 오는 것이다. 그런데도 엄마는 내게 싫은 내색 한 번 보이지 않았다.

내가 좀 달라진 건 그다음 해부터였다. 서울에서 교사를 시작하며 집안 기일이나 명절 또는 여름과 겨울 방학이면 부산의 엄마에게 갔다. 엄마는 여전히 방아풀을 뜯고 있었다. 나는 재바르게 보자기에 싸 놓은 방아풀 뭉치를 들어 날랐다. 이전의 잘못을 뉘우치듯 말이다.

1년 내내 방아풀 뜯는 일이 없는 때는 1, 2월 정도뿐이다. 부산은 날씨가 따뜻해서 12월에도 밭에 채소가 퍼렇게 자란다. 방아풀도 마찬가지다. 다만 1, 2월은 방아풀 자라는 게 더뎌서 여름처럼 수확하지는 못한다. 그렇다고 부지런하기로 둘째가라면 서러워할 엄마가 그냥 놀고 있을까. 전혀 아니다. 엄마는 12, 1월에 방아풀을 모두 베어서 줄기에 매달린 작은 잎들을 하나하나 훑어 낸다. 그것을 마당에 돗

자리를 깔고 말린 다음 자루에 담아 놓는다. 1, 2월 무렵은 밭에서 자라는 방아풀이 사라질 때다. 엄마는 말린 방아풀을 들고 부전시장으로 갔다. 그러면 시장 식당에서 인기가 대단했다.

 엄마는 1년 중 2월 정도만 휴식이었다. 그러나 방아풀이 없는 그 기간일지라도 엄마는 가만있지 않는다. 3월에 시작되는 방아풀 농사에 필요한 것이 한둘이 아니다. 방아풀 씨앗을 정리해 두었으니 파종을 대비하는 것이다. 시골과 달리 먼 곳까지 가서 퇴비를 사 와야 한다. 또 비료를 빼놓을 수 없다. 모든 식물이나 곡식 성장에 필요한 질소 비료도 확보해 놓아야 한다. 어찌 그뿐일까. 병충해 방제를 위한 약제도 마련해야 한다.

 아버지가 세상을 떠나자 엄마는 그 모든 것을 홀로 해내야만 했다. 그러니 고단한 나머지 부전시장에 좌판을 펴다 코피 흘리며 주저앉는 경우도 여러 차례 있었다. 그런데도 엄마는 방아풀 뜯기를 그만두지 않았다. 어쩌면 엄마는 고된 일을 거의 숙명처럼 받아들였던 것 같다.

 어느 해 추석을 앞두고 아버지, 엄마 묘소에 벌초하러 갔다. 옛 집터를 서성이는데 꽃이 핀 방아풀이 여러 무더기로 자라고 있었다. 나는 어렸을 때 방아풀을 본 적이 없었다.

게다가 강원도에서는 방아풀을 향신채소로 쓰지 않는다. 그런데 이 방아풀은 뭐지? 그저 신기할 따름이라 생각하고 돌아서는데 방아풀 사이에 엄마 얼굴이 어른거렸다.

우연

　우연이라는 말 외에는 달리 설명하기 어려운 만남이 생각난다. 두 시간도 안되는 인연이 두 번 있었다. 먼저, 입대 후 4개월 무렵 군부대 밖 열차 여행에서 만난 인연이다.

　아버지 부고를 받은 나는 서둘러 부산으로 향했다. 연말에 열차표가 없기에 서울역에서 입석으로 출발하여 동대구에 이르러서야 자리에 앉았다. 옆에 앉은 신사는 내 군복을 보자마자 애잔하게 바라보며 말을 걸었다. 그는 내 부대의 사단장을 잘 알고 있었다. 사단장이 연대장 시절에 자신이 부관이었기에 제대 후에도 매년 설을 즈음하여 인사하러 들른다고 했다. 한 달 후 설날에 가게 되면 내 부대에 잠깐 들를 수도 있겠다고 했다. 이어서 내 신상을 꼼꼼히 물어 체크하고는 명함을 내밀었다. 그는 어느 대기업 계열사 사장이었는데 제대하면 찾아오라는 말을 덧붙였다.

　아버지 장례를 치른 후 부대에 복귀하고 멍한 날들이 계속되었다. 그러던 어느 휴일 오전, 부대에 난리가 났다. 사단장이 들이닥쳤다. 대대 연병장에 차를 세운 사단장은 과

거의 부관과 함께 내 막사로 들어섰다. 나를 면회실로 불러도 될 텐데 주변은 그야말로 혼돈 상태였다. 부대 정문에서 사단장이 움직이자마자 중대 본부로 통보가 왔지만 거의 동시에 소대 출입문이 열렸다. 소대 막사 입구에 앉아 있던 나는 사단장을 보자마자 급히 일어서며 부대 경례 구호인 '돌격!' 대신 '도도도 돌격!' 하고 말았다. 사단장 곁에 있던 과거의 부관이 "바로 저 병사입니다"라고 할 때 나는 그분에게도 인사를 했다.

나는 어찌할 줄을 몰랐다. 두 분과 악수한 후 그분은 내게 상급 부대 전출을 제안했지만 나는 거절했다. 그러자 사단장은 내 어깨를 두드리며 정신이 살아 있는 병사라고 칭찬하며 돌아섰다. 뒤따라 나선 나는 그분에게 감사의 말을 하고서야 떠나는 사단장에게 제대로 된 "돌격!" 인사를 할 수 있었다.

소대원들이 의아해하며 부러운 눈으로 바라봤지만, 나 또한 의아하기는 마찬가지였다. 동대구에서 부산까지 두 시간도 안되는 인연이 그렇게까지 이어질 줄은 정말 상상할 수 없었다. 소대원들은 졸병인 나를 거세게 몰아붙였다. "저 병신!"이었다. 열차에서 만났던 그분은 자기 처남도 그 사단에서 복무할 때 고생이 심했다며 나를 위로할 겸 방문한 것이었다.

얼마 지나지 않아 대대장과 부대 장교들이 또 들이닥쳤다. 나는 피곤하다 못해 괴로웠다. 소대원들이나 대대장 그리고 다른 장교들이 온갖 사정을 다 캐물었지만 대답할 게 별로 없었던 나는 그들의 기대에 어긋나 있었다. 원님 덕에 나발 좀 불어 보겠다는 기대가 사라진 그들은 나를 병신으로 몰아세우는 것밖에 없었다.

다른 우연도 앞에서와 마찬가지로 열차 여행에서였다. 초임 교사 3년 무렵 중학교 때 은사님을 찾아가는 길이었다. 원주역에서 도계역까지 승차권을 산 후 좌석을 찾았다. 두 명씩 네 명이 마주 앉을 수 있는 자리에는 나와 맞은편의 한 사람뿐이었다. 그 사람은 체구가 내 세 배쯤 되어 보였다. 게다가 파마한 머리카락과 강한 인상은 감히 쳐다보기조차 어려웠다. 한마디로 주눅이 팍 들었다.

열차가 출발하자마자 그는 홍익회 이동 판매 카트를 세워 놓고 맥주 세 병과 안주를 사서 가볍게 한잔 마시고는 내게 잔을 내밀었다. 주눅 들어 움츠러든 나는 손을 떨며 잔을 받았다. 잔이 몇 차례 돌고 나자 그는 이야기를 시작했다.

그는 나보다 두 살 위였는데 대구의 씨름 명문고에서 백두급으로 장래가 촉망되던 선수였다. 그 당시 민속씨름의 유명한 선수와 자웅을 겨룰 정도였지만 그에게는 운이 닿지 않았다. 씨름계를 떠나 막일을 전전하다 중동 건설노동자가 되어 해외로 떠났다. 그는 결혼해서 아내와 아이 하나를 남겨 두었기에 3년간 월급을 한 푼도 쓰지 않고 꼬박꼬박 송금했다. 현지 생활비는 소액의 특근수당으로 힘겹게 버텼다.

그러던 어느 날 친척과 지인으로부터 아내가 바람났다는 소식을 듣고 바로 귀국하여 아내를 찾아가는 중이었다. 술을 얻어먹기만 할 수 없었던 나는 맥주와 소주를 사서 서로 불콰해질 때까지 마시며 이야기를 나눴다.

열차가 정선 사북역에 가까워지자 그가 일어서며 선반에 놓여 있던 신문지로 둘둘 말은 넓적한 물건을 내려 드는데 느낌이 서늘했다. 내가 일어서며 그게 뭐냐고 묻자 가볍게 "칼!"이라고 대답했다. 술이 퍼뜩 깨는 한마디였다. 나는 그 신문지 뭉치를 잡고 "칼은 제게 주고 가십시오!"라며 길을 막아섰다. 그는 씨름 선수의 완력으로 나를 가볍게 밀치고 나갈 수 있었지만, 내게 깍듯하게 "선생님, 이러지 마십시오!"라며 손을 놓으라고 애원하듯 말했다. 서로 칼을 잡고 티격태격하다 결국은 나도 사북역 홈에 내려섰다.

몇 분 후면 기차가 출발할 테니 나도 다급해졌다. 실랑이를 벌이던 나는 칼을 뺏을 수 없다는 걸 인정했다. 그 대신, 아내를 만나 설득을 거듭해도, 어떤 수단을 동원해도 소용없을지라도, 당신에게 돌아오지 않더라도 칼은 사용하지 않겠다는 다짐을 받고 있는데 열차가 움직이고 있었다. 그의 손과 칼 뭉치를 계속 붙들고 있을 수는 없었다. 잡고 있던 손을 놓자마자 열차 진행 방향으로 뛰어가며 난간에 매달렸다. 난간을 잡고 열차에 오르며 고개를 돌려 보니 덩치가 산 같은 그가 내게 손을 흔들고 있었다. 그와 나는 서로가 보이지 않을 때까지 계속 손을 흔들었다.

이튿날 아침, 도계역 근처 선생님 댁에서 나는 강원일보 사회면을 샅샅이 뒤졌다. 그다음 날도 마찬가지였지만 아무것도 없었다. 의아하게 바라보는 선생님 시선을 피하며 그렇게 짧고 강렬한 만남은 그럭저럭 잊혀 갔다.

그로부터 30여 년이 지나 은사님과 지난 얘기를 하던 중에 그 이야기가 나왔다. 곁에서 듣던 선생님 사모님이 말씀하셨다. "황 선생님이 한 사람 살렸네요!" "아니, 두 사람 살렸네요!"

우리는 살아가는 동안 수많은 인연을 경험한다. 기차 여행에서 있었던 두 번의 인연은 하나의 이벤트처럼 사라져 버렸지만 소중한 교훈을 얻었다. 그 인연이 길든 짧든 상상을 넘어서는 결과로 이어질 수 있다는 사실이다. 가벼운 말로 지나가는 듯한 인연이 잊지 못할 추억으로 남았다. 그야말로 우연 중의 우연이었다.

인연

 우리는 살아가면서 여러 사람을 만나게 된다. 과연 그중에서 자신과 인연이었다고 생각하는 만남은 얼마나 될까. 그리고 그 만남은 우연이었나, 필연이었나. 우리는 마주하는 일들을 종종 우연이라 말하며 필연처럼 받아들이고 때로는 우연과 필연을 혼동하기도 한다. 어쩌면 우연과 필연은 멀리 있는 게 아니라 아주 가까이 있는지도 모른다.
 노벨생리의학상을 받은 자크 모노는 『우연과 필연』에서 그동안 필연으로 받아들였던 생명 현상이 우연이라는 견해를 여러 사례를 제시하며 밝혀 놓았다. 하여튼 우리가 처음 대하는 사물이든 사람이든 낯선 것들은 거의 우연과 필연 그 둘 중의 하나로 만났을 것이다.
 교사가 되던 해에 만난 잊지 못할 인연이 있다. 지금은 사라졌지만 1980년대 신임 교사는 정신교육을 1주일간 받아야 하고 다시 5년마다 3일간의 정신교육을 받았다. 교육청 부설 연수원에서 만난 내 짝은 나보다 무려 다섯 살이나 많아 형이라 불렀다. 교육 시간에는 곁에 앉고 함께 잠을 자는 형은 특이했다. 그 더운 여름날 샤워를 제안해도 안 하고 있다가 다른 사람들이 잠들 무렵에 혼자 샤워하고 잠자리에 드는 게 궁금했다. 사흘째 되는 날 나는 형의 손을 잡아끌었다. 그러자 나를 멈칫하게 하는 말을 했다.

"내 몸이 흉해서 그래!"

"뭐가 흉해요?"

"내가 군대에 있을 때 AK소총 네 발을 맞았는데 다른 사람들이 놀랄까 봐, 그래."

"아, 알았어요."

다른 사람들이 잠자리에 들 때 우리 둘은 샤워장에 들어갔다. 나는 형의 몸을 보자마자 소스라치게 놀랄 수밖에 없었다. 가슴 한 발, 팔뚝 두 발, 허벅지 한 발 총 네 발의 총탄이 관통한 몸의 앞뒤 흔적을 보며 할 말을 잃었다. 조용히 샤워하고 자리에 누웠지만 잠이 오지 않았다. 이때 형이 말문을 열었다.

고등학교를 졸업하자마자 입대한 형은 얼마 되지 않아 충남 서해안에 침투한 무장 공비 소탕이라는 대간첩 작전에 투입되었다. 자다 말고 한밤중에 교전 불빛과 총소리를 들으며 작전지역으로 가서 엎드리는 순간 총알이 그의 몸을 관통하고 있었다. 희한하게도 그 순간 총소리를 못 들었다는 것이다. 그렇다. 총소리가 들리면 자신이 맞지 않았다는 것이고, 총소리가 들리지 않으면 자신이 맞은 게 분명하다는 것이다. 하여튼 그대로 기절하여 깨어난 곳은 병원 수술실이었다.

형은 도덕 과목을 가르치는데 공자라는 별명에 어울리는 분이었다. 교육 기간 내내 공자다운 모습을 보이며 흐트러진 자세를 거의 보지 못했다. 나는 연수원 교육보다 형에게 배운 게 더 많다고 생각했다. 비록 5박 6일의 만남이었지만 교직 생활 내내 교사의 자세를 마음에 새기는 기간이었다.

또 하나의 인연이 있다. 서른 무렵에 근무한 학교는 평생 잊을 수 없는 곳이다. 어느 날 교감 선생님은 내게 주말에 무얼 하는지를 물었다. 토요일 오후에 교보문고나 종로서적에서 도서를 구매하고, 세운상가에서 LP 음반을 찾고, 청계천 상가에서 헌책을 골라 하숙집으로 돌아간다고 하니 여자는 만나지 않느냐고 다시 물었다. 여자에게 관심을 두지 않았던 나는 "아직……"이라며 말끝을 흐렸다.

며칠이 지나고 나서 퇴근 무렵에 교감 선생님은 나와 어느 여교사를 자신의 승용차에 태우고 학교 근처 레스토랑으로 갔다. 교감 선생님은 우리 둘에게 식사하고 얘기 잘 나누라 하고는 식사비까지 내고 사라졌다. 그날부터 우리는 만남을 거듭하다 결혼하여 그야말로 짝 중의 짝 평생의 짝이 되었다.

그 후로 30여 년 동안 여섯 학교를 옮겨 다니며 근무했지만 이렇다 할 인연은 없었다. 그대로 새로운 인연 없이 그저 덤덤하게 퇴직 후의 새로운 세상으로 나아가는 날을 기다리게 되었다.

내가 그저 그런 단조로운 삶을 살아왔다고 하는 이유가 있다. 나는 교사로서 세속적 성취는 거의 이루지 못했다. 구체적으로 주식, 펀드, 코인이 무엇인지 모르는 게 그 하나다. 또 수학 교사로서 그 흔한 문제집 한 권 출판하지도 못했다. 게다가 승진은커녕 승진 욕망을 갖지도 못했다. 의지가 부족하기도 했지만, 주제나 분수를 알고 돌아섰다고 보는 게 맞을 것이다.

낯선 곳에서 처음 만나는 사람은 그 이후의 삶에 결정적으로 작용한다는 말이 있다. 강원도 화천 산골에서 자란 그 선생님은 이웃에 사는 편안한 형 같았다. 게다가 그 선생님은 내가 근무하는 인근 학교에 근무하고 있어서 가끔 만나기도 했다. 그때마다 반겨 주는 형이 정말 고마웠다.

한편, 나는 아내와의 인연 이상으로 교감 선생님과의 인연을 소중하게 생각한다. 아내와의 인연은 교감 선생님을 언급하지 않고는 말이 안 되기 때문이다. 다행히 나는 교직 정년퇴직 이후에도 교감 선생님을 찾아 뵙는 인연을 이어오고 있다.

  나는 우연으로 때로는 필연으로 여겨지기도 했던 만남을 구분하지 못한다. 만남의 길이가 길거나 짧거나 관계없이 우연으로 생각하든 필연으로 생각하든 뇌리에 새겨진 게 있다. 모든 만남은 우연처럼 보이는 필연이었고 필연처럼 보이는 우연이었다. 그런데도 내 마음은 우연으로 기울고 있다.

연구실 노예

교사 초년 시절이었다. 일과 후에 동료 교사들은 주로 술을 마시거나 여자를 만나거나 하는 경우가 대부분이었다. 그런데 나는 술에 관심이 없기도 하거니와 많이 마시지도 못했다. 그러나 동료들은 내가 술을 안 마시려 한다고 눈치를 주었다. 주변에서 여자를 소개해 준다 해도 관심이 적으니 한두 번 만나고 끝이었다.

그 당시 내 관심은 오로지 독서와 음악뿐이었다. 책을 사고 LP 음반을 그러모으는 일에 쏠려 있었다. 책은 대부분 교보문고, 종로서적, 청계천 헌책방을 들락거리며 찾아냈다. 주말이면 광화문이 어른거렸다. 오후에 학교 앞 버스로 한 시간 걸려 광화문에 도착하면 교보문고와 종로서적으로 들어갔다. 이어서 세운상가에서 LP 음반을 고르다 없으면 백(白) 판 제조를 의뢰하곤 했다.

지금은 사라졌지만, 청계천 상가는 그야말로 만물 상가였다. 오죽하면 총에서 탱크까지 모든 것을 만들어 낸다는 말이 흘러나오기도 했다. 청계천 헌책방을 뒤적이다 보면 허기가 찾아온다. 그러면 다시 종로서적 근처로 간다. 그곳에서 하숙집으로 가는 시내버스가 있어서다. YMCA 건물 뒤편에서 식사하고 버스에 오른다.

그렇게 다람쥐 쳇바퀴 돌리듯 하는 패턴이 거의 5년 넘도록 반복되었다. 그러던 어느 날 갑자기 공부가 생각났다. 수학을 가르치며 수학책 맨 끝에 등장하는 통계에 눈길이 멈췄다. 통계학을 공부하고 싶어졌다. 마침 하숙집이 서울대 근처였는데 인근에 대학원 입학 전문 학원이 있었다. 그곳에서는 대학원 석·박사 과정 입학에 관한 자료가 풍부했다. 이를테면 대학원 영어 및 전공 시험 자료를 갖고 있었다. 학원에 등록하고 매주 월수금 3일간 밤 10시 너머까지 공부했다. 주로 전공과 영어를 공부했는데 학원비도 만만치 않았다. 대략 6개월 정도를 집중했던 것 같다.

교사가 다니기에 적당한 대학원들은 거의 사립대였다. 국립대도 한두 개 있었지만, 여건이 맞지 않았다. 사립대 석사과정에 시험을 보고 등록하고 공부하며 새로운 세계가 열렸다. 다양한 사람들을 만날 수 있었다. 그중에는 나와 동갑내기로 38세에 대학 총장이 되는 동료도 있었다.

나는 대학원 입학할 무렵에 결혼했다. 공부를 시작하며 친구들 만남이 뜸해지는 건 어쩔 수 없었다. 반면에 나는 하고 싶던 공부를 하며 남모를 웃음으로 히죽거렸다. 진정한 즐거움이란 그런 것이다.

  석사과정 한 학기가 끝날 무렵에 아내가 권하는 게 있었다. 논문을 쓰려면 지도교수를 정해야 하는데 주말에 대학을 찾아가 보라는 것이다. 어느 토요일 오후에 교수 연구실을 기웃거렸다. 그 많은 교수 연구실 중에서 유일하게 문 열리는 곳이 있었다. 교수는 날 알아봤다. 어쩐 일이냐며 차 한잔을 권했다. 용건을 말하자마자 교수는 지금 교육부 프로젝트를 진행하고 있는데 함께하자며 당장 다음 주부터 나오라 했다. 그것으로 교육부 보고서를 쓰고 학위 논문도 쓰면 된다는 것이었다.

  그렇게 내가 볼모 아닌 볼모 인생이 시작되었다는 것은 시간이 한참 지나고 나서야 알게 되었다. 직장에서 퇴근하면 매일 대학으로 갔다. 보통 10시가 넘도록 밤늦게까지 작업하고 집에 돌아오면 12시 직전이었다. 하여튼 5학기 만에 석사과정을 마쳤는데 동료들과 서로 논문을 주고받을 때 이구동성으로 하는 말이 있었다. 내 논문이 너무 아깝다며 이참에 박사 과정까지 하라는 것이다. 이 정도 해 놓고 공부를 석사과정으로 끝내면 나중에 후회할지도 모른다며 나를 부추겼다.

그럴 때 그저 나를 기쁘게 해주려는 덕담으로 받아들이면 좋았으련만 나는 그러지 못했다. 주제넘게 박사 과정에 도전했다. 그런데 박사 과정 시험은 석사과정처럼 한 번에 합격하지 못했다. 불합격 이유도 가지가지였다. 제2외국어 과락, 전공 불량, 영어 토플 점수 미달이었다. 다시 학원에 등록했다. 무려 세 번을 탈락하고 네 번째 겨우 합격했다.

내가 박사 과정에 입학할 무렵 지도교수는 안식년을 맞아 미국에 있었다. 그런데 지도교수의 모친이 중병으로 입원 치료받고 있었다. 지도교수는 외부 기관 연구비를 받은 이유로 귀국에 제한이 있었다. 귀국 체류 일에 따라 연구비를 반환할 처지에 있었다. 그러자 지도교수는 내게 부탁했다. 모친의 상태를 '매일' 알려달라는 것이다. 나는 매일 병원을 방문해서 환자에게 미국 아들 소식을 전했다. 연구실로 돌아와서는 병원 방문 결과를 한 학기 동안 매일 메일로 보냈다.

어느 해 여름방학이 끝날 무렵 나는 직장을 휴직하고 대학 연구실로 갔다. 그런데 지도교수는 공부보다 온갖 잡일을 더 많이 시킨다는 생각이 들었다. 그런 와중에도 나는 연구실을 비우지 않았다. 지도교수는 토요일도 나오라며 나를 몰아세웠다. 그때 내 일과는 이랬다. 아침 6시에 일어나 아침을 먹고 6시 40분쯤에 집을 나와 대학 연구실에 도착하면 8시 직전이었다. 하루는 늘 밤 10시에 끝났다. 그러니 집에 도착해서 씻고 잠자리에 드는 시간은 자정이거나 그 이후였다.

교수는 내게 저널에 게재할 논문을 요구했다. 나는 박사 과정 두 학기 동안 네 편의 논문을 학회지에 게재했는데 공저자로 딱 한 번 이름을 올렸다. 지도교수는 그것마저 특혜를 준 것이라며 생색을 냈다. 박사 과정 수강 과목이 3학점짜리 서너 과목이나 되었는데 논문까지 작성하려니 고될 수밖에 없었다.

이것만이 아니었다. 지도교수는 동호인들과 테니스를 치고 나서 주점에서 술을 종종 마셨다. 10시쯤 연구실 문을 닫을 무렵이면 나를 불러냈다. 내 차는 학교에 놔두고 교수 차를 끌고 어디 어디로 오라는 것이다. 그러면 나는 차를 운전해서 그 주점 근처에서 바로 태우기도 하지만 하염없이 기다리다가 지도교수를 태우고 출발하곤 했다. 지도교수 집에 교수와 차를 놓고 택시 타고 귀가하면 시계는 자정을 넘어 1시가 가까워진다.

물론 이전에도 운전을 요청하는 일이 있었다. 아침에 지도교수가 전화한다. 내 차로 지도교수 집으로 와서 픽업

해 달라는 경우가 있고, 내 차가 학교에 있거나 지도교수가 운전할 일이 있으면 택시 타고 와서 운전해 달라는 경우도 있다.

어느 날 웃지 못할 일이 있었다. 지도교수 차는 미국에서 구매한 소나타였다. 국내에서 판매하는 차량과 계기판 단위가 달랐다. 밤늦게 어느 주점에서 지도교수를 태우고 강북 강변로를 달렸다. 시속 80킬로미터밖에 안되는데 지도교수는 천천히 가자며 나를 압박했다. 나는 "80밖에 안돼요!"라며 더욱 속도를 높였다. 다음 날 차량 계기판을 확인해 보니 내가 본 것은 단위가 마일이었고, 그 안쪽에 킬로미터 미니 계기판이 하나 더 있었다. 이 일이 학과에 소문나며 내가 지나가면 주변에서 내 귀에 들릴락 말락 하게 하는 말이 있었다. "요단강 건너가 만나리!"

이게 끝이 아니다. 지도교수는 가끔 미안한 표정을 지으며 차를 닦아달라고 했다. 내가 을인데 거절할 수 있을까. 어림도 없다. 내가 지도교수 차를 닦을 때 감동적인 일도 있었다. 어느 석사과정생이 보자마자 내 손의 걸레를 빼앗다시피 가져가 대신 닦아 주었다.

이것 말고도 학사장교 출신인 지도교수가 위탁생인 사관학교 위관급 장교들을 대하는 모습에서 요즘 말하는 갑질을 쉽게 볼 수 있었다. 그뿐인가. 지도교수는 자기 아내도 거의 군인 다루듯 하는 모습으로 석·박사 과정생들을 놀라게 했다.

어느 날 석·박사 과정생들 여럿이 식사하러 가는 중이었다. 내 뒤에서 누군가 중얼거리는 소리가 들렸다. "아미스타드, 아미스타드! 슬레이브, 슬레이브!" 160년 전 미국으로 끌려가던 흑인 노예선 이름이었다. 영화가 개봉되었는데 그 소리는 바로 내 지도교수와 함께하는 석·박사 과정생들을 지칭하는 소리였다. 나는 시인했다. "그래, 슬레이브가 맞다!"

한 학기를 마치고 새 학기가 시작되었다. 지도교수는 새 과제를 제시했다. 지난해에 생산한 논문 양이 적었다며 학회에 게재할 논문을 두 달에 한 편씩 써 오라는 것이다. 나는 말문이 막혔다. 아무런 대답을 하지 못했다. 주변에 다른 박사 과정생들이 있지만 그들은 박사 과정 학점 이수가 끝나고 자신의 논문 준비만 할 뿐이었다. 나는 박사 과정 학점을 이수 중인데 말이다.

나는 지도교수가 공부시킨다는 사실에 불만을 드러내는 게 아니다. 석·박사 과정생들은 개개인이 그저 자신의 공부를 하는 학생일 뿐이다. 그러니 지도교수는 그 공부를 안내하고 도와주기만 하면 될 것이다. 터무니없이 과도한 요구를 하고, 조직의 보스처럼 행동하라는 것은 특수한 사회나 조직에서 통용될 따름이다.

　지도교수는 내가 마음에 들지 않으니 당연하게도 나를 곱게 볼 수 없는 게 당연했다. 하다못해 장학금만 해도 그렇다. 대학원에서 박사과정생은 대체로 등록금에 준하는 장학금을 지급받고 있었다. 그런데 지도교수가 추천서를 주지 않으니 나는 그냥 등록금을 냈다. 얼마 후 학과장이 찾아왔다. 내가 가정이 있는 사람이고 직장도 휴직했으니 장학금을 지급해야 한다고 지도교수를 설득했다. 결국 나중에 내가 납부한 등록금 일부를 돌려받았다.

　어느 날 지도교수는 나를 불렀다. 그래 봐야 아주 가까운 거리에 붙어 있었던 것과 다름없었다. 왜냐하면 나는 교수 연구실 한 귀퉁이를 샌드위치 패널로 칸막이하고 있었으니 한 방에 있는 것과 같았다. 험한 인상으로 대면을 시작했다. 대뜸 나를 위층 대학원생 연구실로 가라며 짐을 싸라는 것이다. 나는 이유를 묻지 않았다. 바로 짐을 쌌다. 쫓겨난 것이다. 내가 자리를 비우자 그 자리는 다른 석사과정생이 들어왔다.

　지도교수는 내가 학회에 게재할 논문을 쓰며 석사과정생

들을 통제하기를 희망했다. 즉 그들의 일과를 관리해서 생산성을 높이자는 것이었다. 이것은 테니스 치는 공대 교수들의 연구 성과를 흉내 내는 것이었다. 실험 실습 위주의 공과 대학 스타일은 성과가 대단하다. 한 달 아니 몇 주 만에 학회에 게재할 논문이 쏟아지는 걸 부러워하게 된 것이다.

나는 공대 박사과정생처럼 석사과정생을 이끌고 연구를 주도할 수 없었다. 내 능력도 능력이거니와 내 전공은 실험 실습이 아니기 때문이다. 이게 끝이 아니다. 툭하면 지도교수 연구실로 나를 불러들였다. 주로 답이 없는 질문을 하며 몰아붙이기 일쑤였다.

그러다 마침내 사달이 났다. 지도교수 방에 있던 석사과정생은 해군사관학교 출신 장교였는데 나보다 어렸다. 지도교수가 아무리 장교 출신이라 하더라도 위탁 교육생을 군인 다루듯 하면 안 된다. 모든 게 지도교수 뜻대로 되지 않자 나를 연구실로 불렀다. 첫 마디가 바로 욕이었다. "야, 이 새끼야! 네가 하는 꼬라지가 그러니 석사과정생이 뭘 보고 배우냐?" 나는 연구실 천장을 바라봤다. 이어서 온갖 욕설이 이어졌지만 나는 아무런 대답을 하지 않았다. 얼마 후 욕을 하다 지친 지도교수가 나가라는 말에 일어섰다.

나는 대학원생 연구실로 가자마자 바로 짐을 쌌다. 그리고 편지를 썼다. 편지 내용은 오늘로써 공부를 그만둔다는 내용이었다. 훗날 다시 볼 일이 있을지 모르겠다는 말로 마무리했다. 편지는 봉투에 넣어 어느 석사과정생에게 전달을 부탁했다. 이게 내 박사 과정 마지막 모습이다.

한편, 나는 직장을 휴직할 때 3년을 예상했다. 그런데 내가 휴직하고 석 달이 지날 무렵 우리나라가 IMF 구제금융, 즉 흔히 말하는 IMF 사태가 터졌다. 그 여파로 은행 금리가 상상을 초월하는 19%를 넘어서고 있었다. 외국에 유학하고 있던 후배나 제자들이 급히 귀국하는 등 그야말로 난리였다.

내게도 불똥이 튀었다. 그 이전에 내가 저지른 일이 있었다. 집안에 금전 대출로 보증을 선 일이 있었다. 아내 혼자 버는 돈으로는 두 딸 양육비와 생활비로 쪼들릴 수밖에 없었다. 그 와중에 내게 재산 압류 통지서가 날아들고 있었다. 견디기 힘들었다. 3년여를 이자만 갚으며 버티다 결국 분양받은 아파트를 팔았다. 아파트 입주할 무렵에 1억 8천만 원 하던 매매가가 전세를 주고 나서 3년이 지났을 때는 1억 4천만 원으로 폭락해 있었다. 그동안 대출 보증인으로 대신 갚은 이자 상환액까지 생각하면 속이 쓰리다 못해 부글부글 끓었다. 빚을 갚고 남은 돈은 천만 원도 되지 않았다. 더 놀라운 게 있다. 그 집은 9개월 후에 2억 2천만 원으로 올랐다!

그때가 1월 초였는데 머리를 식힐 겸 강원도 인제군 방태산으로 여행을 떠났다. 통나무집에서 하룻밤을 자고 다른 곳으로 이동하다 교통사고가 났다. 커브 길에서 차가 눈길에 미끄러지며 도로를 벗어나고 말았다. 나와 큰딸은 기절했다. 아내가 흔들어 깨워 정신을 차리고 보니 뒷좌석 큰딸이 피를 흘리며 쓰러져 있었다. 작은딸은 외상이 보이지 않았지만, 고통에 울고 있었다. 그야말로 아비규환이 따로 없었다.

다행히 근처에 사는 대학생이 구조해 주고 구급차를 부르며 사고를 수습해 주었다. 희한하게도 운전자인 내가 부상이 제일 컸다. 내가 저지른 죄가 컸기 때문일 것이다. 나는 쇄골을 크게 다치는 바람에 6개월 이상 병원을 들락거렸다. 그런데도 완치는 거의 3년 넘게 걸렸다. 이보다 더 슬픈 것은 두 딸의 상처와 충격이 너무나 컸다는 사실이다.

늘 독서만 하던 내가 왜 공부하고 싶었는지 정말 모를 일이다. 수십 년이 지나 고려대 대학원 석사과정생이 연구실 노예에 관한 도서를 출판했다. 나와 거의 이삼십 년이나 차이가 나는 세월인데 여전히 노예 상황은 달라지지 않았다.

우리나라 교수들 대부분은 미국 유학파다. 미국에서 그렇게 배우지는 않았을 텐데 귀국하면 왜 그 모양으로 변하는지 정말 알 수 없는 노릇이다. 그러니 학문의 자유니, 뭐니 하는 말들은 죄다 공염불에 그칠 수밖에 없다. 여전한 대학원 현실이 그저 슬프다.

주례사와 축사

 나는 결혼을 앞두고 주례를 정하느라 고심했다. 주례는 신랑 또는 신부를 잘 아는 지인 중에서 구해야 하는데 친척 어른들의 호불호에 맞추기가 어려웠다. 주례를 점찍어 놓고 허락받으러 가는 것도 쉽지 않았다. 결혼식 주례를 맡은 분은 초등학교 은사님이었는데 그분은 친가·외가와 친분이 있었다. 내가 초등학교 다닐 때 교장이었고 내 결혼 당시에도 교장으로 재직 중이었다. 그분은 20대 교감, 30대 교장을 하는 기록을 남긴 분이었다.

 주례사는 평범한 말씀을 짧게 구성하여 여타의 주례사와는 격이 다른 진행으로 하객들로부터 호평받았다. 신혼여행을 다녀와서 다시 찾아뵙는 것도 부담이 되었다. 자칫 잘못해서 친가·외가 어른들까지 민망한 일이 생기지 않도록 조심하는 게 힘들었다.

 그 후 세월이 흘러 내가 주례를 설 일이 생겼다. 내가 담임했던 제자의 요청을 거절하지 못했다. 고민 끝에 양가 어머니에게 전화를 걸었다. 신랑·신부 몰래 편지 한 통씩 써

오도록 부탁했다. 결혼식장에서 읽도록 할 계획이었지만 식장이 눈물에 젖을 것 같아 그냥 전달하기로 했다. 주례를 서는 나도 '신랑·신부에게 주는 글'이라는 편지를 써 두었다.

나는 주례사를 시작하며 하객들 인사말 끝에 양가 어머니를 불러 편지를 전달하도록 했다. 나도 주머니에서 편지를 꺼내 신랑·신부에게 신혼여행지에서 읽으라며 전해 주었다. 그러고 나니 주례로서 할 말이 크게 줄어들었다. 그때 나는 아주 짧게 재롱과 효도가 하나라는 뜻으로 주례사를 했다. 자녀를 전통적인 효도의 굴레에서 벗어나게 하자는 내용이었다.

오늘 오신 하객 여러분들은 자녀의 재롱을 몇 년 정도 보셨습니까? 자녀가 태어나서부터 세어 본다면 10여 년 남짓일 것 같습니다. 자녀의 재롱은 대략 10년 내지 15년 정도로 생각됩니다. 그 이후로는 아마 재롱 대신 효도를 기대했을 것입니다.

자녀가 결혼하면 부모는 아들과 며느리 또는 사위와 딸이 효도하기를 은근히 바라게 됩니다. 전통적으로 효자니, 효부니, 열녀니 하는 말들이 바로 그것입니다. 한학 교재의 하나인 소학에 등장하는 효도를 말입니다.

그런데 오늘 이 자리에 계신 양가 부모님과 하객 여러분들은 앞으로 그런 효도를 기대하지 마십시오. 왜냐하면 신랑·신부나 자녀들은 벌써 효도를 다 끝냈기 때문입니다. 아니, 효도를 다했다니, 그 무슨 말도 안 되는 이야기를 하느냐고 화내실 분도 있을 줄 압니다. 그렇지만 사실입니다. 바로 재롱이 효도입니다. 재롱과 효도가 따로 있는 게 아니라 함께 붙어 있다는 것을 깜빡 잊고 있었기 때문입니다. 재롱과 효도를 분리하다 보니 효도하느니 안 하느니 하며 괴로운 부모가 되어 버렸습니다.

세월이 흐르며 시대가 변해 가는 만큼 우리 부모님들께서도 재롱이 효도이고, 효도가 재롱이라는 것을 받아들였으면 좋겠습니다. 그러면 부모와 자식 간의 거리도 훨씬 가까워지고, 자연스럽게, 행복해지는 부모를 따라 행복한 자녀가 될 수밖에 없습니다.

근래 들어 결혼식 문화가 변하고 있다. 주례가 사라졌다는 게 눈에 띈다. 앞으로는 신랑 신부가 신경 쓸 일이 하나 줄어든 셈이다. 그렇지만 고리타분하기 그지없다는 평가를 받는 주례사도 신랑·신부가 잘 들어 두면 결혼생활에 도움이 된다. 그런데 문제는 결혼식 날 정신없는 신랑·신부가 그 좋은 말을 듣고 기억해 낼 재간이 없다는 사실이다. 그런 점에서 주례가 없어진 것은 바람직하다. 요즘 결혼식에서 없어진 주례사를 신랑 아버지가 축사라는 이름으로 대신하는 모습이 달라진 풍경이다.

얼마 전에 친구 아들 결혼식장에 다녀왔다. 신부 아버지가 성혼선언문을 읽고 신랑 아버지가 신랑·신부에게 당부하는 말을 감동적으로 들었다. 내용도 일품이었다. 구체적으로 조목조목 요즘 세태를 반영하는 것들을 "아하! 그렇구나!"라는 생각이 들도록 콕콕 집어서 갖다주는 느낌이 들었다.

친구는 「사는 게 뭐 있어」라는 노래까지 부르며 격식에 얽매이지 않았다. 끝으로 아들에게 기부 습관도 당부했다. 짠돌이인 자신이 훗날 5천만 원, 내지 1억 원 기부를 약속했다는 대목에서는 박수가 터져 나올 수밖에 없었다. 도저히 흉내 낼 수 없는 재주로 축사를 빛낸 친구가 자랑스러움을 넘어 존경스러웠다. 친구의 축사는 하객들이 이구동성으로 고개를 끄덕이게 했다. 큰 박수가 아깝지 않았다.

나물 산행

　시골에서 자란 사람이면 나물에 얽힌 이야기 한두 가지쯤은 알고 있을 것이다. 내가 제일 처음 본 나물은 달래였다. 누나가 달래 캐는 데 따라다니며 보았다. 그런데 하필이면 달래는 돌 틈에서만 무성한 것이었다. 그러니 달래가 상하지 않도록 캐는 게 어려웠다. 달래는 몸체 길이에 비해 굵기가 워낙 가늘어서 호미로 캐다가 쉽게 끊어지곤 했다. 젓가락 굵기 정도 되는 크기의 달래는 어쩌다 만날 뿐이었고 대개는 가는 실 정도나 이쑤시개 정도 되는 크기를 캐는 게 대부분이었다. 그 달래를 아버지는 파보다 더 좋아하셨지만, 나는 냄새가 너무 강해 감히 먹을 엄두를 내지 못했다.
　그 외에 쑥, 냉이, 씀바귀, 고들빼기 등이 집 주변에서 흔히 볼 수 있는 나물이다. 나물 하면 대체로 봄나물을 말하는데 이것들을 땅에서 캐는 것이다. 봄나물은 나무에서도 얻는다. 봄철 나무에 돋는 잎은 거의 다 먹을 수 있다. 대표적으로 두릅이 있다. 두릅은 희한하게도 산꼭대기에서 먼저

피어난다. 두릅이 자라서 가시가 돋을 무렵이면 엄나무 순이 먹을 만하게 자란다. 그와 함께 다래나무 잎도 연해서 먹기에 알맞다. 이것들은 모두 집 근처에서 구할 수 있다.

반면에 취나물, 참나물, 곰취 등을 뜯으려면 큰 산으로 가야 한다. 물론 집 근처에도 조금씩 있지만 맛과 향이 큰 산에서 뜯은 것보다 떨어진다. 그러니 그 바쁜 철에 먼 곳을 마다하지 않고 가는 것이다.

나물 뜯는 일은 오로지 체력에 의존한다. 산에 오르는 것부터 시작해서 덩굴 숲속을 헤쳐 나가야 한다. 크고 넓은 산을 훑어 내는 일이다. 한나절 산을 헤매고 나면 기진맥진할 수밖에 없다. 그게 끝이 아니다. 그 나물을 머리에 이거나 짊어지고 수십 리 길을 걸어서 돌아와야 한다. 오죽하면 나물 삶은 물도 버리지 말자고 한다. 집에 돌아오면 나물을 정리해야 한다. 종류별로 나누어 놓고 다듬고 나면 자정이 지나간다. 어떨 때는 다듬던 나물을 손에 쥐고 졸기도 한다.

초등학교 때 가끔 나물을 뜯으러 다녔다. 학교에서 실과 교과목 실습 겸해서 한 것이다. 아니면 선생님이 아파서 못 나오시면 자습 대신 산나물을 뜯기도 했다.

그러다 중·고등학교, 대학교 재학 동안은 나물을 잊었다. 어느 해부터였던가. 열 살 무렵 이후 무려 30여 년 동안 잊었던 나물 뜯기를 하게 되었다. 어느 선배 교사가 매년 봄마다 나물을 뜯고 있었다. 나는 달려들었다. 혼자 가기는 뭣하고 그러니 같이 나물 산행하자고 했다. 선배는 부부와 함께하던 나물 산행에 나를 끼워 주었다.

첫해에는 강원도 인제군 방태산으로 가기 위해 새벽 4시에 만나 출발했다. 산에 오르기 전에 우리는 방동약수로 목을 축이고 방태산 7부 능선으로 향했다. 형수님은 산을 펄펄 날다시피 다녔다. 알고 보니 산악회에 가입하여 백두대간 종주도 거뜬히 해내는 분이었다.

여러 나물 중에서 두 가지만 뜯었다. 참나물과 곰취였다. 제일 인기 있는 나물이었다. 나물을 뜯다 보면 서로의 거리가 멀어져 나중에는 못 만나는 일도 있다. 그래서 수시로 자신의 위치를 알리는 신호를 보내며 상대의 신호에 답하기도 하면서 나물을 뜯는다.

한나절이 되자 함께 모여 서로의 간식을 꺼내 놓고 산속 식사의 묘미를 즐겼다. 나는 혼자였지만 형수님은 내 아내도 함께 온다는 말에 새벽부터 그 바쁜 시간에 부침개를 구워 오셨다. 형님은 자신이 빚은 막걸리로 목을 축이는 데 일조했다. 나는 겨우 음료와 과일만 준비해서 민망하기 짝이 없었다.

다시 나물 뜯기가 이어졌다. 형님은 어느 특정한 장소를 찾느라 애쓰는 것 같았다. 알고 보니 이전부터 나물 산행하며 보아 둔 명이나물 군락지를 알고 있었다. 비슷비슷한 산 능선을 몇 차례나 헤맨 끝에 마침내 찾아낸 명이나물 군락지에서 우리는 허탈함을 감출 수 없었다. 명이나물은 한 포기는커녕 한 개도 없었다. 누군가가 모두 캐 간 것이다. 명이나물이 시장에서 고가에 거래되다 보니 너도나도 캐서 옮겨 심어 놓는 일이 유행한 탓이었다. 과거에는 산나물을 재배하는 사례가 그리 많지 않았지만, 최근에는 시골 마당에 명이나물 없는 집이 없다시피 되었다. 당국에서 산나물 채취를 금지한다고는 하지만 막기에는 한계가 있을 수밖에 없다.

방태산은 미산계곡에서 개인약수를 마시며 오르기도 했다. 어느 쪽에서 오르든 산행은 늘 신바람 났다. 가끔 형님 친구분 몇몇이 동행하기도 했지만 주로 셋이 다니는 게 많았다. 미산계곡에는 손두부를 잘하는 집이 있었다. 산행 후 허기진 상태에서 맛본 두부 요리는 여러 해가 지났는데도 생각날 만큼 그 맛이 대단했다.

학교에서 우리 둘이 나물 산행한다는 소문이 났다. 몇몇 선생님이 동행하게 되었다. 평창 운두령으로 갔는데 그날

따라 산행객들이 워낙 많아 운두령 휴게소에 주차할 곳을 찾기도 쉽지 않았다. 운두령에서 서쪽으로 두어 시간 걸어간 곳에서부터 양쪽 비탈진 곳을 넘나들며 나물을 뜯었다.

나물 뜯기가 끝나고 여럿이 모여 다시 운두령 방향으로 출발할 무렵에 선배는 내게 약초를 내밀었다. 가시오가피를 몇 뿌리 캤다며 가져가서 어머니 약재로 쓰라고 했다. 뿌리와 잎을 둘둘 말아 내 배낭에 넣어 주는 것이었다.

두 시간을 걸어 운두령에 다다를 무렵 이상한 조짐이 보였다. 산림청 직원이 나물 배낭을 조사하고 있었다. 그때 나는 휴대전화가 없었다. 다른 사람들은 휴대전화로 그 상황을 주고받으며 길 아닌 곳으로 달아나고 있었다. 아무것도 모르는 나는 스스로 검사하는 곳으로 다가가고 있었다. 아니나 다를까. 산림청 직원 복장을 한 사람이 내게 안내문을 보여 주며 배낭 속 나물을 보자고 했다. 안내문에는 산나물을 캐서 가져가는 자는 '3백만 원 또는 2천만 원 이하의 벌금'이라는 항목이 보였다. 나는 벌금보다 더 큰 문제가 떠올랐다. 나는 공무원이다. 공무원 품위 손상에 따른 징계를 따로 받아야 한다. 환장할 지경이었다.

나는 내 차로 다가가며 그 직원을 오라고 했다. 내가 나물을 승용차 뒷좌석에 펼쳐 놓을 테니 와서 보라고 했다. 나는 배낭을 거꾸로 들고 세게 흔들며 나물을 쏟았다. 그 바람에 가시오가피는 승용차 뒷좌석 맨 밑바닥에 깔렸고 그 위로 참나물과 곰취가 뒤덮였다. 그 직원은 나물 몇 군데를 헤쳐 보며 뿌리째 캔 나물이 있는지를 살폈다. 잠시 후 그가 가라고 손짓했다. 차를 몰고 운두령 아래 계곡을 내려오는 동안 에어컨을 켰지만, 전신에 땀이 줄줄 흘러내리고 있었다. 개울가에는 미리 도망쳤던 사람들이 나를 걱정하며 기다리고 있었다. 초봄 더위에 나물을 짊어지고 나무숲을 헤쳐나오며 많은 땀을 흘렸지만, 산림청 직원이 나물을 검사하는 그 짧은 순간 동안 흘린 땀이 훨씬 더 많은 것 같았다.

나물 외적인 일로 흘린 땀은 이것만이 아니었다. 오대산 나물 산행에서였다. 그날은 선배 부부와 그 선배의 여동생 부부, 선배의 지인 부부와 함께 여럿이었다. 과연 명산답게 나물 품질이 좋았다. 일행 모두가 나물을 뜯어 배낭에 가득 담고 흥겹게 차도 쪽으로 내려오기 시작했다. 먼저 선배가 앞장서 나아갔다. 선배가 민첩하고 걸음이 빠르다 보니 차량에 제일 먼저 다가갔다. 잠시 후 산림청 직원이 나타났다. 신분증을 보이고는 차량 번호를 메모하고 있었다. 우리는 숲에 숨어 숨죽이고 지켜보는데 애가 탔다. 결국은 선배가 모든 죄를 뒤집어쓰기로 했다. 승용차 세 대가 모두 동생들 소유이고 나물 산행이라고 했다.

학교로 돌아온 선배와 나는 고민이 많았다. 나는 괜찮은데 선배는 교감 연수를 앞둔 상태였다. 할 수 없이 외력을 수소문했다. 동료 교사 중에 경찰청 고위 관리의 아내가 있었다. 선배는 이전에 그 부부와 몇 차례 식사도 나눈 사이였다. 상황을 의뢰했더니 경찰에 고발되었고 곧 법원으로 넘어갈 테니 재판 전에 벌금형 판결이 나도록 반성문을 제출하란다. 그에 따라 선배는 반성문을 A4 용지로 5매나 썼다. 몇 달 후 50만 원의 벌금이 나왔다. 내가 절반을 내겠다고 했지만, 선배는 고개를 가로저었다. 그러고는 한마디 했다. "관둬! 내가 어떻게 네 돈을 받을 수 있겠니?"

그러고 나자 나물 산행지를 바꾸기로 했다. 정선이었다. 그런데 정선군 어느 산이었는지 기억나지 않는다. 그곳도 여러 차례나 다녀갔는데 말이다. 이래서 믿을 게 못되는 게 인간의 기억이라고 하는 모양이다. 그곳은 선배 부부 외에 가끔 선배 지인 부부와 나물 산행을 했는데 그렇게 큰 산은 아니었던 것 같다. 정선 읍내에서 식사하고 산에 오르곤 했다. 그곳은 아름드리 참나무가 빼곡했고, 겨우살이가 많았고, 가끔 표고버섯을 채취했던 게 생각난다. 또 있다. 야생동물 괴성이 종종 들렸다.

어느 해였던가. 서로 흩어져서 나물을 뜯던 중 표고버섯 무더기를 발견했다. 참나무가 굵은 만큼 표고버섯이 참 많이도 달려 있었다. 나는 나물 대신 표고버섯에 흥분했다. 아름드리 참나무가 작은 골짜기를 가로질러 쓰러져 있었다. 참나무가 워낙 굵다 보니 표고버섯을 따며 평평한 방향으로 걸어 다니는데도 흔들림이 거의 없었다. 한참 후 나물 뜯기를 끝내고 일행을 모두 만났다. 그들은 내 표고버섯을 보고 부러워했다. 그렇다. 산행을 많이 하더라도 자연산 표고버섯을 만나는 경우는 드물다.

그 표고버섯을 엄마에게 드렸더니 옛이야기를 꺼냈다. 엄마는 6.25 전쟁 중 심한 질병에 허덕일 때 표고버섯을 끓인 물을 마시고 회복할 수 있었다. 어디서 표고버섯을 이렇게나 많이 땄냐며 놀라워하셨다.

나는 선배와 거의 15년가량 나물 산행했다. 선배가 정년퇴직하며 몇 년 소식이 끊어지기도 했지만, 다시 이어졌다. 그때부터는 차도 함께 타고 다녔다. 운전을 나눠서 하니 피곤이 덜했다. 그러다 내가 정년퇴직하며 다시 만나지 못했다. 사연이 있었다. 형수님이 아프다 보니 간호하기에 바빴다.

어떤 나물이든 뜯을 때 나물 뿌리가 통째로 뽑히는 경우가 종종 있다. 그러면 나는 뽑힌 나물 뿌리를 발로 꾹 눌러 밟는다. 산속은 토질이 무른 탓에 나물이 쉽게 뽑히지만, 또 쉽게 뿌리를 내린다. 그런데 주변을 살펴보면 뽑힌 나물 뿌리를 그대로 버리거나 나물에 넣어 가져간다. 나물은 캐는 게 있고, 뜯는 게 있고, 도려내는 게 있고, 꺾는 게 있고, 따는 게 있다. 그래서 산나물을 '뜯지 않고' '캐는'지도 모른다. 그런데 산나물을 캐서는 안 된다. 아직도 산나물을 뜯지 않고 캐는 사람이 있다.

   산나물을 차에 싣고 귀가하던 일이 생각난다. 나는 나물을 뜯으면 먼저 시골 엄마 집으로 갔다. 서울 집에서 나물을 다듬어 정리하기가 어렵기 때문이었다. 엄마에게 죄송하지만 말이다. 나물이 정리되면 나는 밤늦게 서울로 돌아왔다. 그리고 다음 날 저녁에 온 가족이 모여 앉아 삼겹살과 함께 산나물 쌈을 맛나게 먹었다.

   선배 부부의 친절은 잊을 수가 없다. 두 분 모두 나를 아껴 주었다. 심지어 형수님은 내가 나물 뜯은 게 부족하다 싶으면 당신의 배낭에서 한 뭉텅이 꺼내어 내 배낭에 슬쩍 채워 주는 분이었다. 형님도 그와 다르지 않았다. 그 귀한 명이나물을 내 배낭 귀퉁이에 한 움큼 찔러 넣어 주며 "맛이나 봐!" 하고는 눈을 끔뻑였다. 그야말로 부창부수였다.

그저 가볍게 산행하던 사람들이 많았지만 나는 산나물 맛에 끌려 그 험한 산비탈을 오르내리며 나물 산행을 즐겼다. 나는 나물을 이웃과 나누어 먹으며 정도 함께 나누었다. 나물 한 움큼을 신문지에 싸서 전해 줄 때 나물 냄새를 맡으며 좋아하던 사람들 모습이 아련해진다. 이젠 그저 지나간 추억일 뿐이지만 잊어버리려니 못내 아쉽다.

손가락을 감싸 쥔 여인

　나는 네 살 때 사고로 오른손 집게손가락 끝마디가 비뚤어진 데다 굽혀지지 않는 불편함이 있다. 장애라는 말 대신 불편하다고 하는 까닭은 그것 때문에 어떤 일을 그르치거나 문제가 된 적이 거의 없어서다. 그러니 군대를 아무 탈 없이 다녀왔을 것이다. 사실 불편함조차 거의 느끼지 못하고 성년을 지나 노년에 이르렀다. 다만 사춘기 때는 그 손가락이 드러날까 감추려 한 적은 종종 있었다.
　교직 정년퇴직을 앞두고 공무원 연금공단에서 제공하는 은퇴 설계 연수를 받으러 갔을 때였다. 우리나라 모든 직종의 공무원들이 모이는 자리였다. 수백 명을 수용할 만큼 큰 강당에 좌석이 지정되어 있지는 않았다. 은퇴자들에 대한 예우로 생각되었다. 2인 1조의 책상에 의자만 두 개씩 놓여 있는 자리는 대체로 남남, 여여 형태로 앉아 있었다. 그 사이에 남녀가 함께 앉은 게 드문드문 보였다. 나는 중간쯤의 빈자리를 찾아 앉았다.
　얼마 후 한 여인이 내 왼쪽 옆자리가 비어 있는 것을 보고 다가왔다. "앉아도 되나요?" 하기에 나는 그저 덤덤히 "네!" 하며 성의 없이 짧게 대답했다. 그저 고개만 살짝 돌렸다가 읽던 책으로 눈을 돌렸다. 옆에 여자가 앉는다는 것이 그리 편하지는 않았다. 연수 중에 꾸벅꾸벅 졸기라도 하면 어쩌나, 게다가 침을 흘리기라도 하면 망신 아닌가 하는 걱정이 앞섰다. 그래서인지 오후 내내 그녀 쪽으로 고개는커녕 눈을 돌리기도 쉽지 않았다. 그러다 그 여인이 한눈파는 사이에 슬쩍 보니 어느 교육청 누구라는 명찰이 눈에 들어왔다. 아, 교사로구나! 아니, 교육청 행정직일 수도 있지. 하여튼 교육계는 틀림없다는 생각에 조금은 마음이 누그러졌다. 지자체는 달라도 같은 교육 가족 아닌가 하는 막연한 동류의식을 떠올렸다.

　그러는 사이에 오후 연수가 시작되고 그럭저럭 시간이 흘렀다. 서너 시간이 지나고 첫날 연수가 마무리되었다. 바로 저녁 식사인데 나는 멈칫거렸다. 그 여인에게 식사하러 가자고 해야 하나, 말아야 하나, 어찌할 줄 모르고 있었다. 그때 그 여인이 먼저 "식사하러 가요!" 하며 일어섰다. 나는 엉거주춤한 채 "아, 네!"라고 대답하며 따라나섰다. 식당에서 자리를 잡고 앉아 함께 식사하면서도 나는 이렇다 할 말 한마디 없이 슬금슬금 주변의 눈치만 살피며 밥

먹기에 바빴다.

　연수 참가자들 대다수가 식후 커피를 즐겼지만, 나는 평소처럼 물 한 컵으로 마무리했다. 그 여인 역시 커피 한잔하는 게 보였지만 어느 틈엔가 사라지고 없었다.

　나는 식당에서 나와 물소리가 들리는 개울가로 향했다. 그때 저만치에서 그 여인이 내게로 다가오며 "옆에 앉았던 선생님 아니세요? 산책해요!" 하기에 "네 에!"라고 대답하며 개울가로 향했다. 그곳은 식후 산책을 즐기는 사람들이 여럿 보였고 저물녘 개울가 바람이 청량감을 더해 주었다.

　그 여인은 초등학교에 근무하다 명예퇴직을 신청한 상태였다. 초등 중등으로 학교급은 다르지만, 나는 그 여인의 시원시원한 성격과 시골 정서를 간직한 이야기에 매료되었다. 그 여인은 나보다는 읍내에서 훨씬 가까운 시골에 살았기에 내가 살았던 산골 아니 오지 마을과 비교하기는 어려웠지만 말이다.

　그동안 나는 여자들이 대체로 시골 출신이든 도시 태생이든 관계없이 시골 정서를 감추려 하거나 아예 시골 이야기를 회피하려는 성향이 있다고 생각했다. 그런데 그 여인은 그동안의 내 생각을 무너트렸다. 첫 산책에서 그리 많은 이야기를 하지는 않았지만, 서글서글한 이미지가 참 좋왔다.

이튿날부터는 연수 시간이든 식사 시간이든 흥겨운 이야기로 꽃을 피웠다. 그 여인은 내 시골 성향을 이해했고, 그 여인 역시 시골 이미지를 자연스럽게 드러내며 편안한 분위기에 일조했다. 까탈스러운 모습은 전혀 없었다. 늘 있는 그대로를 보여주었다. 그러니 당연하게도 서로의 이야기가 끊이지 않았고 이야기가 길어져도 지루할 틈이 없었다.

저녁에 나는 그 여인에게 서명한 내 책을 건넸다. 대뜸, "작가로군요!" 해서 나를 쑥스럽게 만들었다. 잘 읽겠다는 말을 끝으로 서로의 방으로 돌아간 나는 걱정이 앞섰다. 내 사생활이 적나라하게 드러난 수필집을 너무 일찍 준 게 아닌가, 연수가 끝나고 헤어지는 날 줄 걸 그랬나 하는 여러 생각에 얽혀 들었다.

다음 날 아침 만나자마자 그 여인은 책 얘기를 줄줄이 꿰는 것이었다. 그 여인은 밤늦게까지 내 책을 읽었다. 300쪽이나 되는 책을 절반 이상 읽은 것 같았다. 나는 감격스러움과 동시에 좌불안석하는 상태가 되고 말았다. 아니나 다를까. 책 내용을 속속들이 끄집어내 이야기하는 무게가 만만치 않았다. 그 여인은 하룻밤 사이에 책을 많이 읽기도 했지만, 꼼꼼히 읽은 내용이 나를 더욱 긴장하게 했다.

그날 저녁 식사 때였다. 오후 연수가 끝나자마자 식당에 들어섰는데 삼계탕이 나왔다. 그 여인은 내 왼쪽에 앉았는데 국물을 한 숟갈 뜨다가 고개를 돌리며 "그 손가락 좀 봐요!" 하는 것이었다. 나는 손가락을 감추려는 생각을 잊은 채 그 여인이 앉은 쪽으로 몸을 돌리며 손가락을 내밀었다. 그 여인은 바로 내 손가락을 감싸 쥐고 한참을 말없이 있었다. 서로 바라보는 시선이 겹칠 때 나는 그 여인의 아가페 감정이 스멀스멀 올라오는 것을 느꼈다. 잠시 후, 그 여인이 "책을 읽으며…… 그 손가락을 꼬옥 잡아 주고 싶었어요"라고 하는 말에 나는 아무런 대답을 하지 못했다.

식사 후 그 여인과 나는 연수원 뒤 개울가 산책로를 한동안 말없이 걸었다. 내 손가락을 감싸 쥔 그 여인을 바라보는 감정이 묘하게 요동쳤다. 걷다가 흔들이 그네에 앉았다. 나도 그 여인의 손가락을 감싸 쥐고 싶었다. 그러나 이내 고개를 가로저었다. 그저 존재하는 것만으로 감사해야 한다는 생각과 함께 구태여 소유 의식을 드러낼 필요가 없다고 생각했다. 연인의 만남이든 아니든 인간관계의 성패가 바로 소유 의식 때문이라는 것을 사람들은 알고 있으면서도 외면한다. 그에 따라 사달이 나고 인연의 길이가 짧아지거나 아예 끊어져 버린다.

그 여인은 여러 가지 면에서 품이 넓었다. 대화의 방향이 서로 어긋나지 않았다. 그러니 3박 4일 동안 자연스럽게 대화가 이어졌을 것이다. 순수한 마음이 아니라면 만난지 이틀 만에 낯선 남자의 손가락을 감싸 줄 수 있겠는가. 그러니 내가 그 여인의 손가락을 감싸 줄 생각을 거둬들인 것이다. 그런 여인이 존재하는 것만으로 나는 충분히 행복할 수 있었다. 한순간이었지만 그 여인은 정말 진솔한 사랑의 감정을 보여 주었다. 앞으로 그런 여인을 또다시 만날 수 있을까.

오래된 선물

교사가 되고 2년째였다. 스승의 날에 어느 여학생이 내 자리에 편지와 함께 선물을 놓고 갔다. 내가 담임하는 학생은 아니었는데 편지 곳곳에 정성을 다한 모습이 보였다. 편지 속에는 그 여학생 사진도 있었다. 포장지를 열어 보니 자그마한 분필통 안에 분필을 끼우는 클립 3개가 들어 있었다. 수업할 때마다 색색의 분필을 사용하며 분필 가루로 뒤덮인 손이 그 여학생 눈에 띄었던 모양이다. 편지에는 "손에 분필 가루 묻히지 마세요!"라는 내용이 있었다.

그날부터 나는 수업을 시작하기 전에 분필 클립을 들고 교무실 분필 상자로 가서 각각의 클립에 세 가지 색의 분필을 끼워 놓았다. 여분의 분필은 분필통에 수시로 채워놓았다. 그러니 수업 중 분필이 모자라 학생에게 분필 심부름을 시킬 일도 사라졌다. 또 분필 클립 사용 후부터 옷과 손을 깨끗한 상태로 유지할 수 있었다.

그 여학생반 과학을 가르치는 윤 선생님이 전하는 이야기가 있다. 어느 날 과학 수업 중 그 여학생이 내게 편지를 쓰고 있었다. 윤 선생님이 윤씨 성의 그 여학생에게 "우리 윤씨 집안에 너 같은 애 없다!"라고 하니 대뜸 "저, 윤씨 아니에요! 저 황씨예요!"라고 했단다. 그 후 정릉으로 봄 소풍 갔을 때 그 여학생은 공원 한구석에서 책을 읽던 내게 다가왔다. 내 곁에 앉자마자 사진 찍어야 한다며 내 팔뚝을 덥석 잡아챘다. 사진에는 가까이 있던 다른 여학생들 웃는 모습까지 담겼다.

그 여학생은 오로지 수학만 공부했다. 다른 교과 시간에도 그랬다. 그게 싫증 나면 내게 편지를 썼다. 편지도 그럴듯하게 잘 썼다. 나는 답장을 다 해 주지는 못하고 띄엄띄엄했다. 내 편지를 받을 때마다 그 여학생은 폴짝폴짝 뛰며 환호했다.

나는 학교를 옮길 때마다 그 분필통과 분필 클립을 제일 먼저 챙겼다. 그게 내 수업 도구 중에서 제일 중요했기 때문이다. 직육면체 모양으로 11센티미터×8센티미터×3.5센티미터 크기의 휴대용 분필통은 붉은 손잡이 끈이 고리에 매달려 있고 아래위 어느 쪽에서도 여닫을 수 있었다. 분필통을 열고 분필 클립을 손에 쥘 때마다 그 여학생이 생각나는 게 당연했다. 세월이 흘러 다른 학교에서 학생들이 "그 통 오래된 거 같아요!" 하며 궁금해했다. 아마 모서리가 닳아서 페인트가 벗겨진 게 앞에 앉은 학생 눈에 띈 모양이다. 그러면 나는 그 여학생 얘기를 빠트리지 않고 들려주었다.

정년퇴직을 하며 내가 쓰던 물건을 정리할 때 제일 먼저 눈에 띄는 게 바로 분필통이었다. 36년이 넘도록 사용했으니만큼 분필통은 닳고 닳았다. 그렇지만 바닥과 위쪽 양쪽에서 여닫는 뚜껑이 여전히 부드럽게 열리고 닫혔다. 양철이나 알루미늄 재질 같은데 녹이 슬지도 않았다. 가끔 바닥에 떨어트리기도 했을 텐데 쭈그러진 곳도 없었다.

분필통 안쪽 여섯 개 면은 여러 색깔의 분필에 부딪히고 닿으며 총천연색으로 그려진 모습이 마치 피카소의 추상화 같다. 그때 함께 받은 3개의 분필 클립은 스테인리스 재질로 성능이 우수했다. 칠판에 글씨를 쓰다가 클립 한쪽을 살짝 누르면 분필이 조금씩 밀려 나오도록 스프링이 들어 있었다. 수학 교사는 분필을 제일 많이 쓴다. 빨강, 노랑, 흰색 분필을 각 분필 클립에 끼워서 사용하며 내 손에서 분필 가루가 사라졌다. 그 여학생에게 분필 클립을 받기 전에는 수업이 끝나자마자 손을 한참 씻어 내야 할 정도로 손에 분필 가루가 뒤덮이는 게 다반사였다.

그런데 아쉽게도 어느 때인지 모르게 분필 클립을 모두 잃어버렸다. 분필 클립은 오래전에 사라졌지만, 분필통은 아직 의젓하게 남아 있다. 마찬가지로 그 예쁜 여학생도 내 마음속에 자리 잡고 있다. 고마움을 전하고 싶은데 방법이 없다. 아마 쉰 살이 넘었을 테지만 여전히 예쁠 것이다.

   정년퇴직 날 책상 서랍을 정리하며 그 분필통을 후배 교사에게 줄 상황도 아니었다. 몇 년 전부터 교실 칠판이 모두 전자칠판으로 바뀌었기 때문이다. 할 수 없이 분필통을 집으로 가져와 책상 위에 올려놓았다. 다음 날부터 방 책상에 앉아 텅 빈 분필통을 바라보며 고마움을 담기 시작했다. 고마운 마음이 쌓이고 쌓여 넘쳐 날 즈음에 그 여학생 소식을 들었으면 좋겠다.

부치지 못한 편지

선생님, 『저문 강에 삽을 씻고』를 만났던 그해 여름, 부산에 살던 저는 고3이었습니다. 산에는 산삼, 바다에는 해삼, 집에는 고삼이 있다는 바로 그 고3 말입니다. 대입을 앞둔 학생이 공부 대신 시인을 만나겠다는 것을 어느 누가 이해해 주겠습니까? 서울의 창작과비평사를 찾아가면 마땅히 선생님을 만날 수 있다고 생각했지만, 저는 여름방학을 맞아 서울 갈 차비를 마련하지 못했습니다. 그럴 수밖에 없었던 것이, 저는 그 전해 12월 하순부터 약 7개월 동안 이사를 여덟 번이나 할 정도로 집안 사정은 말이 아니었습니다.

40여 년 전의 서울은 가깝지 않았습니다. 결국 저는 서울행을 포기하고 거의 매일 집 근처 낙동강 변을 어슬렁거리다 어둑해지면 돌아오곤 했습니다. 다행히 7월 말부터 그다음 해 봄까지는 이사가 없어서 이상한 느낌이 들 정도였습니다. 이듬해 대학생이 되었지만, 저는 공부를 제대로 하지 않은 것은 물론 책도 거의 읽지 않았습니다. 학비를 겨우 마련하며 대학 생활을 계속해야 하는지, 군대를 먼저 다녀와야 하는지, 아예 그만두어야 하는지를 두고 고민만 거듭하며 시간을 죽이고 있었습니다.

그 와중에 제게 행운이 따라 주었습니다. 가족과 지인의 도움으로 대학을 졸업하게 되었지만 성실한 학생은 아니었습니다. 그러니 성적이 좋지 못할 수밖에 없고 대학을 졸업하던 해에 교사가 되지 못했습니다. 군대를 다녀와서도 교사 발령을 받지 못하고 1년이나 학원강사로 떠돌았습니다.

그렇지만 그때 독서가 시작되었습니다. 책을 많이 읽었다기보다는 그때부터 책을 사기 시작했다는 뜻입니다. 그 당시 신임 교사 월급이 30만 원 정도였는데 학원에서 매월 7~80만 원을 벌었으니 제겐 대단한 수입이었습니다. 그 덕에 책을 사는 데 매월 10% 정도를 썼습니다.

이듬해, 서울에서 교사가 되었지만, 고등학교 3학년 때의 열망은 잊어버렸습니다. 선생님을 만나고 싶다는 의지가 사그라든 것이었습니다. 희한한 일이었습니다. 게다가 30만 원 월급은 성에 차지 않았습니다. 그러니 저축은커녕 일주일에 5~6일씩이나 밤늦도록 술자리를 찾아 다녔습니다. 그러면서도 책을 사는 데 매월 6~7만 원을 썼습니다. 술에 취해 비틀거리면서도 읽었습니다. 술에 취해 일기도 썼지만, 다음 날 읽으며 외국어 번역하듯 헤매기도 했습니다.

나이가 들어가며 책이 쌓이기는 해도 무엇인가 쓰는 데는 오랜 시간이 소요되었습니다. 학교에 누님이라 부르며 따르는 시인이 있었음에도 문학 이야기는 전혀 꺼내지 않았습니다. 아마 그때 그분에게 선생님 시에 관한 이야기를 했더라면 글쓰기를 시작했을지도 모릅니다. 인연이란 따로 있다는 말이 실감 납니다. 어쩌면 그때는 아예 글을 써보겠다는 생각이 없었다는 말이 맞을 것입니다. 한참 세월이 지나고 나서야 쓰는 것이 쉽지 않다는 걸 느끼며 이런 것도 인연이라 받아들이게 되었습니다.

저는 교사를 시작할 때부터 서울을 떠나려 했습니다. 3년 내리 12월쯤에, 고향인 강원도 산골로 가는 데 필요한 온갖 서류를 갖춰 교감 선생님에게 제출했습니다. 교감 선생님은 2월 초에 발표하는 새해 인사발령 명단을 보며 안타까운 표정으로 "안 됐어!" "내년에 다시 해 봐!"라는 말씀을 3년 연속으로 하셨습니다. 4년째 되는 해에는 한 학교 근무 마지막 해이기에 다른 학교 전출 희망서를 작성하게 되었습니다. 서류를 받던 교감 선생님이 "올해는 타 시도 전출 희망 안 해?"라고 하시기에 "고향에 점순이나 성 서방네 처녀 같은 여자 친구들 모두 시집가 버리고 이젠 가 봐야 헛일이라 안 가겠습니다"라고 했습니다. 그러자 교감 선생님은 서류함을 열어 3년 치 전출 신청 서류를 돌려주며 "잘 생각했어. 그냥 서울에 살아! 시골도 옛날 같지 않아!"라고 하시는 것입니다. 저는 아연했지만 더 이상 아무 말도 하지 못했습니다. 교감 선생님은 저를 위해(?) 서류를 접수하지 않았습니다. 결국 이때부터 서울살이가 시작된 셈입니다.

결혼 초부터 제 고향으로 가자고 아내를 꼬드겼지만 실패했습니다. 이러구러 세월이 흘러 교직에서 30여 년을 넘어 정년퇴직을 바라보던 어느 날, 아내를 졸라 강원도 산골 숲속에 자그마한 서재를 마련했습니다. 주말이나 방학이면 그 숲에서 시계를 잊은 채 책 읽는 시간을 갖게 되었습니다.

그러던 어느 날, 이웃에 사는 여류 시인이 저를 찾아와 제 책들을 보며 글을 써 보라고 권유하였습니다. 저를 수필가로 등단시키겠다는 말씀과 함께 말입니다. 아울러 시든 소설이든 하여튼 써 보라며 저를 설득하였습니다. 그에 따라 쓴 수필이 바로 「시 한 편이 준 위안」이었습니다.

또 그 시인은 제가 다음 해 8월에 정년퇴직한다는 것을 알고 책을 한 권 써 보라고 하였습니다. 그때가 12월 말쯤이었는데 저는 다음 해 8월까지 책 한 권의 원고를 쓰기는 무리라고 생각했습니다. 그런데도 하여튼 써 보라는 말씀에 따라 거의 매일 한 꼭지씩 1, 2월 두 달 동안 60여 꼭지의 초고를 썼습니다.

3월 개학 후부터 퇴고를 시작했는데, 영 진척이 더뎠습니다. 그러다 서울시 교육청 연수원 연수 자료에 허병두 선생의 「나는 책 쓰는 교사다」라는 것이 있었습니다. 허 선생은 수학 교사인 저도 알 정도로 명성이 대단했습니다. 허 선생의 강의를 들으며 제 초고가 잘못됐다는 걸 알았습니다. 하여튼 허 선생의 안내를 따라가며 고치기로 했습니다. 그러고 보니 저는 퇴고가 뭔지 제대로 알지도 못하고 글을 쓴 셈이었습니다.

그럭저럭 퇴고를 마무리하고 8월 말 퇴직과 함께 책이 출간되었습니다. 먼저 주변에 책을 명함 삼아 돌리며 퇴직 인사를 했습니다. 이때 허 선생 생각이 났습니다. 허 선생 강의 덕분에 꾀죄죄하지만, 책이 만들어졌기에 고마운 마음을 담아 간략한 서신과 함께 책을 숭문고로 보냈습니다. 허 선생은 책을 받고 출판사에서 전화번호를 얻어 제게 전화했습니다. 이런저런 이야기를 나누던 끝에 허 선생이 숭문고 방문을 요청하였습니다. 시간이 남아도는 저는 숭문고 교정을 돌며 이야기를 나누고 숭문고 앞 카페에서 커피도 나누며 선생님 근황을 들을 수 있었습니다.

허 선생을 만나기 전까지는 허 선생이 선생님 제자일 줄은 전혀 상상하지 못했습니다. 허 선생이 제 책에서 선생님 이야기의 일부 페이지를 촬영하여 선생님께 보내드렸더니 좋아하셨다는 말은 고마웠지만, 선생님 건강이 좋지 못하다는 이야기는 몹시 아쉬웠습니다. 혹시 선생님을 만날 기회가 있지 않을까, 하는 기대를 품고 있었기 때문입니다. 일단 선생님 건강이 회복되기를 기다려야 한다는 말에 저는 더 이상 말하지 못했습니다.

　이제 거의 3년이 지나고 보니, 사람들 사이의 만남이 어쩌면 우연과 필연의 연속이 아닌가, 하는 느낌을 지울 수가 없습니다. 그것이 우연이었든 필연이었든 선생님 시는 평생 제 삶을 좌우했다고 생각합니다. 앞으로도 선생님 시를 잊고 살아가기는 어려울 것 같습니다. 언제가 될지는 모르지만, 선생님이 건강하실 때 꼭 뵐 수 있기를 고대하며 이만 줄이겠습니다. 안녕히 계십시오.

통증과 쇼크

우리는 살아가며 온갖 고통에 시달린다. 크고 작은 차이가 있을지언정 통증 없는 사람은 없을 것이다. 오죽하면 부처님이 삼계개고(三界皆苦; 세상이 모두 고통에 쌓여 있다)라고 하셨을까. 그러니 통증 전문 병원이 늘어나는 게 당연할지도 모른다.

어렸을 때 산골에 살던 나는 엄마가 자리를 비운 사이에 일을 저질렀다. 만 네 살이 안된 나는 오른손 검지손가락 한 마디가 감자 조각과 함께 땅바닥에 떨어지는 걸 보며 기절했다. 봉합 수술을 한 곳은 면 소재지 보건소였는데 의사도 아닌 사람이 마취도 없이 손가락을 삐뚜름하게 붙여 놓았다.

나는 고등학교 2학년 늦가을에 처음으로 병원이라는 곳을 가 봤다. 쇠붙이에 구멍을 뚫는 기계로 구멍 뚫기 실습을 하던 중 안전관리 소홀로 일어난 일 때문이었다. 기계 벨트에 손톱이 닿자마자 오른손 약지손가락 손톱이 거의 90도 정도 일어서는 부상이 생겼다. 보건 선생님은 내 손톱을 내

리눌러 응급처치하며 학교 지정병원을 안내했다.

병원 의사는 내 손톱을 보자마자 "뽑아야겠군!" 하며 간호사에게 집게를 가져오라고 했다. 잠시 후 침대에 누웠던 나는 갑자기 병원 천장이 노랗게 보이는 걸 느꼈다. 치료가 끝나고 병원을 나서려는데 머리끝부터 발끝까지 전신에 땀이 흐르기 시작했다. 그러고는 그 자리에 주저앉으며 정신을 잃었다. 30여 분 후 정신을 차리고 병원 문을 나서는데 겨울에나 있을 법한 한기를 느꼈다.

처음 발령받은 학교는 1년 차, 2년 차 초임 교사가 25명이나 되었다. 그중에는 남교사도 많아 수시로 축구하기를 즐겼다. 어느 날 인근 학교에서 축구 경기가 있었는데 나는 상대 선수와 부딪혀 쓰러지며 손목과 엄지손가락을 다치고 말았다. 회식이 끝나고 하숙집으로 돌아왔는데 부상 통증으로 새벽 네 시가 되도록 잠들지 못했다. 게다가 덥지 않은 계절이었는데도 전신에 땀이 줄줄 흐르는 것이었다.

날이 새자마자 나는 하숙집 아주머니에게 밤새 사정을 말했더니 침술원을 가르쳐 주셨다. 침술원에서는 상태를 체크하고는 나를 병원으로 보냈다. 병원에서는 손목과 엄지손가락 인대가 늘어났다며 왼 팔뚝부터 손바닥까지 반깁스하고 붕대로 감아 놓았다. 내가 잠을 못 자고 밤새 땀만

흘렸다고 하자 의사는 "인대가 늘어나면 통증이 심합니다"라고 무덤덤하게 대꾸했다.

그로부터 3년쯤 지날 무렵이었다. 어떤 수술에 필요한 채혈 과정에서 또다시 심한 통증과 쇼크를 겪었다. 간호사는 의자에 앉으라는 말도 없이 내게 한쪽 팔을 내놓으란다. 나는 서 있는 그대로 왼쪽 팔을 내밀고 고개를 돌렸다. 잠시 후 따끔한 느낌이 들었고, 한참 지나 다시 따끔했다. 이어서 왼쪽 팔, 손목, 손가락 등이 서늘해서 고개를 돌려 보니 피가 다섯 갈래로 흘러 떨어지며 손가락 아래쪽 바닥이 벌겋게 되어 가고 있었다.

두 개의 주삿바늘 구멍 중 하나에서 쏟아져 나오는 피였다. 그게 다가 아니다. 또 하나의 주삿바늘 구멍 위쪽은 탁구공 모양으로 어린아이 주먹 정도 크기로 부풀어 올랐다. 미숙한 간호사가 주삿바늘을 꽂았다 빼기를 거듭하며 혈관으로 공기가 들어간 것이었다.

간호사는 응급처치를 하자마자 내게 오른쪽 팔을 내놓으라 요구했다. 나는 통증을 견디다 못해 화가 치밀어 "아, 너무 아파요. 좀 이따 해요!"라고 애원했다. 나는 팔뚝만 걷으면 그대로 혈관이 드러나 보이는데 참 이상한 일이었다. 그때 마침 한 의사가 지나가다 그걸 목격했다. 그 의사는 즉시

간호사에게 지시했다. 채혈을 중지하고 빨리 침대로 모시라는 것이었다.

나는 침대에 눕자마자 전신에 땀이 흘렀다. 나는 다른 간호사가 땀을 닦아 줄 때 정신을 잃었는지 잠들었는지를 구분하지 못했다. 한참 시간이 흐른 후 어느 의사가 괜찮냐고 하며 나를 흔들어 깨웠다. 나는 고개를 끄덕이며 일어났고 다른 간호사가 와서 다시 채혈하고 병원을 나왔다.

그 후 세월이 흘러 교직 정년퇴직을 하고 시골에서 기간제 교사를 하던 무렵 아내와 함께 군산 어청도 여행을 떠났다. 그날따라 심한 파도 때문이었는지 안 하던 뱃멀미에 시달리고 말았다. 배에서 내리자마자 아침 식사를 했는데 그만 복통이 왔다. 약을 먹어도 소용이 없었다.

예순이 넘도록 두통과 복통을 거의 모르고 살아온 나는 이어지는 복통으로 견디기 힘들었다. 식사할 때나 식사 후나 공복일 때나 항상 명치 끝 주위를 쥐어짜는 통증이 계속되었다. 내과 병원을 들락거리며 온갖 약을 먹어 봤지만 나아지지 않았다. 시도 때도 없이 찾아오는 통증이 때로는 심하게 때로는 약하게 그야말로 종잡을 수가 없었다.

해가 바뀌어 복통 1년이 지날 무렵 아주 극심한 고통을 다시 겪었다. 마침 아내는 해외여행 중이었다. 복통이 약간 있기에 일찍 잠자리에 들었다. 얼마 지나지 않아 통증이 커지기 시작했다. 처음 겪는 고통이었다. 위를 빨래 짜듯 쥐어짜는 느낌이 연속되었다. 이와 함께 겨울철임에도 전신에 땀이 줄줄 흘렀다. 병원 응급실로 갈까 말까를 고민하다 그대로 날을 새우고 말았다.

 이런 상황을 어느 곳에 물어볼 곳도 없고 해서 새벽부터 인터넷을 검색했다. 이런저런 정황을 확인하고 보니 지난 1년 동안 내가 겪은 통증은 그냥 복통이 아니고 위경련이었다. 위경련은 약을 먹을 때만 사라지는 듯하다 다시 나타나기를 반복했다.

 나는 아파서 땀이 날 때마다 손가락을 그냥 꿰맨 보건소 직원, 집게로 손톱을 뽑은 의사, 채혈 실수로 공기가 심장으로 들어가게 할 뻔했던 간호사가 생각난다. 그들은 모두 그 당시 그 상황에서 최선을 다했을 것이다. 그렇지만 결과가 좋지 않았다. 그것을 그저 운 탓으로 돌리고 잊어버리려니 진한 아쉬움이 남는다.

 하여튼 나는 통증이 심할 때마다 전신에 땀이 났던 것 같다. 의사는 그것을 쇼크의 일종이라고 말하는데 어렸을 때나 나이가 들었을 때나 여전히 땀을 흘리는 게 이상하기조차 하다. 나를 치료했던 사람들은 여러 의사나 간호사 중에서 그야말로 우연히 만났을 텐데 운이 없었다고 해야 하나. 아니다. 그 정도로 끝난 것도 행운이 아니었을까.

3부

두 딸 풍경

같은 듯 다른 듯

부모와 형제나 자매가 서로 닮는 것은 당연하다. 오죽하면 씨도둑질은 못한다는 말까지 있을까. 더 나아가 가족은 행동이나 성격까지도 닮을 수 있다. 서로 다른 환경에서 자란 후 성인이 되어 만나는 부부도 세월과 함께 닮아 간다는데 직계 가족이라면 더 많이 닮을 수밖에 없다.

두 딸은 아주 당연하게도 비슷한 면이 많기에 오히려 다른 면을 살피게 된다. 큰딸은 엄마 뱃속에서 태동이 격정적이었다. 아내는 격렬한 태동이 있을 때마다 놀라며 내게 배에 손을 대 보라고 해서 알았다. 반면에 작은딸은 태동이 느릿느릿했다. 둘 다 같은 병원에서 태어나서 모두 두 달 후 원주 사촌 형수님 손에 맡겨졌다. 네 살이 되도록 형수님 손에서 자란 것도 똑같다. 형님 내외분 사랑을 듬뿍 받은 것은 물론 주말마다 빠짐없이 원주 근교의 자연 속에서 살다시피 했다.

두 딸은 큰엄마를 떠나 서울에 오고부터 각각 다른 환경에 놓였다. 큰딸이 서울에 왔을 때는 이모가 돌봐 주었는데 초등학교에 입학한 후까지도 이모의 사랑이 이어졌다. 그런데 작은딸이 집에 왔을 때는 그렇지 못했다. 작은딸은 초등학교 입학 후부터 스스로 현관문을 열고 집에 들어가야 했다.

어느 날 귀가해서 보니 작은딸이 없기에 여기저기 찾아봤지만 헛일이었다. 나중에 보니 친구 집에서 놀다가 돌아왔는데 친구 집에 간 까닭이 있었다. 현관문 여는 게 무섭다는 말에 가슴이 아렸다. 작은딸에게 현관문 열쇠를 주며 문 여는 방법을 알려줄 때 미안한 감정을 감췄지만 그렇다고 달리해 볼 방법도 없었다.

이것 말고도, 내가 퇴근길에 아파트 앞에서 서성이는 작은딸을 만난 적이 있다. 현관문 열쇠를 잃어버리고 전전긍긍하고 있었다. 나는 방에 들어서자마자 바로 열쇠를 교체했다. 며칠 후 그 열쇠는 우편함에서 찾았다. 그러니까 작은딸은 열쇠를 손에 쥐고 현관문을 열기 전에, 우편함에서 우편물을 꺼내다가 열쇠 꾸러미를 우편함에 떨어트린 것이었다.

이후 두 딸은 초등학교, 중학교, 고등학교까지 똑같은 학교에 다녔다. 고등학교는 추첨할 때 달라질 수도 있는데 그렇지 않았다. 초중고를 졸업할 때까지 둘 다 거의 학원에 가지 않은 것도 똑같다. 다만 큰딸은 수학학원에 한 달 등록하고 3주 다니다 그만두었고 작은딸은 논술학원 몇 달 다닌 게 학원 이력의 전부다. 흔히 말하는 보습 학원에는 곁눈질조차 없었다. 학원비 걱정을 덜어 준 두 딸, 고맙다! 12년 동안 둘 다 학원에 다녔으면 가계가 휘청했을 텐데……

큰딸은 고등학교 3학년이 되자 영국 런던 유학에 필요한 영어학원을 몇 달 다녔다. 통계학을 전공한다고 하기에 문과 출신의 큰딸이 걱정되었다. 그래서 유학을 떠나던 해 한 학기 동안 선행학습시켰다. 나는 우리나라 대학 1~2학년 과정에서 배우는 수학과 통계학 관련 과목을 매일 공부해서 가르쳤다.

큰딸은 고등학교 졸업 후 현지 학기를 맞추느라 9월에 출국했다. 처음 가는 곳인데 현지 시각으로 밤 10시경에 대학 기숙사에서 방을 배정해 줄까, 걱정이 많았다. 게다가 당시에는 출국과 동시에 휴대전화가 끊어지는 상황이라 고심 끝에 인터넷전화를 사서 보냈다. 조마조마하던 중에 방 배정받고, 짐 정리하고, 잠잘 준비한다는 말을 현지 새벽 2시에 인터넷전화로 듣고서야 마음을 놓았다.

큰딸은 학부 과정에 이어 대학원 석사과정까지 마치고 귀국했는데 그사이에 한 번 귀국해서 휴식하고 돌아갔다.

5년간 공부하는 중에 유럽 여러 나라를 여행하고 견문을 넓혔다.

어느 날 나는 작은딸에게 어학연수를 제안했는데 언니 대학 졸업식에 다녀오면서도 관심이 없는 것 같았다. 그런데 그로부터 3년이 지나던 어느 날 느닷없이 영국 런던 유학을 선언해서 나와 아내는 당황했다. 막을 방법이 없었다. 그런데 작은딸이 출국한 지 1년여 만에 코로나 사태가 터졌다. 오지도 가지도 못하는 상황이 되었다. 모든 공부가 원격 수업으로 진행되다 보니 학습 효과는 당연히 뚝 떨어질 수밖에 없었다. 이런 게 운이지만 마음은 쓰디쓸 뿐이다.

작은딸도 문과였지만 대학 전공은 컴퓨터과학이었다. 작은딸은 런던에서 A 레벨 과정을 거치며 대학 전공을 준비했다. 작은딸은 큰딸의 친구가 런던에 살고 있는 덕을 봤다. 코로나 시기를 겪으면서도 언니 친구의 도움으로 유학의 어려움을 견뎌낼 수 있었다. 나는 "유학 비용이 국내 대학보다 서너 배가 넘는 만큼 공부를 서너 배 이상 해야 한다"며 두 딸을 다그쳤다.

두 딸 모두 런던에서 공부하고 유럽을 여행하며 실질적인 남녀평등 같은 것을 체득한 것 같다. 부부 교사의 월급으로 유학비 조달은 정말 힘들었다. 그 대신 국내에서 배울 수 없는 것들을 배우고 있다는 자부심으로 학비 조달의 고뇌를 잊으려 했다.

 두 자매는 서로 같은 듯 다른 듯 달려왔다. 때로는 같거나 비슷했다. 그러면서도 크게 차이 나는 것도 많았다. 하여튼 나는 두 자매가 서로 다른 개성만큼이나 다르게 자라기를 바라고 있다. 굳이 똑같을 필요가 없다. 서로 다른 세계를 경험하고 서로를 위로하며 커 나가야 한다. 생존의 다양성 면에서 보더라도 그게 더 안전하고 확실한 방법이다.

자만심

작은딸이 초등학교 입학 후, 한 달이 지난 4월 어느 날이었다. 작은딸은 친구 생일파티에 초대되어 들떠 있는 모습이 예쁘기까지 했다. 선물까지 사서 들었는데 낯선 곳으로 여행을 떠나는 것처럼 흥분한 모습이 온몸에 드러나 보였다. 약속 장소인 롯데리아는 한 달 동안 다니며 익혀 두었던 학교 가는 길과 달랐다. 학교에서 집으로 오는 길과 반대 방향이었는데 거리는 거의 비슷했다. 다만 늘 다니던 아파트 주위를 벗어나는 데다 못 보던 낯선 재래식 상가를 지나야 했다. 집을 나서는 작은딸을 보고 나는 걱정스레 물었다.

"그래, 몇 시에 돌아오니?"

"세 시요."

"세 시에 아빠가 데리러 갈까?"

"걱정을 마세요!"

"혼자 올 수 있겠니?"

"그럼요!"

"알았다. 재밌게 놀다 오거라!"

"니에."

아이의 확신이 눈망울에 새겨지는 듯한 모습을 확인할 수 있었다. 물론 유치원에서도 생일파티가 있었지만 대부분 집에서 하는 행사였다. 그런데 초등학교 첫 생일파티가 집이 아니라는 데서 아이는 더욱 호기심을 키웠을 것이다.

토요일 오후 3시가 지나면서 나는 아내 그리고 큰딸과 함께 작은딸이 몇 시 몇 분에 귀가할 것을 예측하며 즐거워했다. 내기를 한 것이다. 작은딸이 도착한 시간에서 제일 가깝게 맞춘 사람에게 선물을 주기로 했다.

그런데 3시 30분이 지나도 작은딸은 집에 오지 않았다. 4시가 지날 무렵에는 초조함조차 극에 달했다. 전화벨마저 한 번도 울리지 않았다. 참다못해 집을 나와 초등학교를 지나 롯데리아로 달려간 나는 아연했다. 초등학생들은 아무도 없었다. 파티는 3시 조금 지나 끝났단다. 그대로 집으로 돌아오던 나는 어지럼증을 느꼈다. 어떻게 집으로 왔는지 그야말로 제정신이 아니었다. 문밖에 나와 있던 아내와 큰딸은 아예 현관문을 열어 놓고 있었다. '밖을 내다보다가, 방 안의 전화기를 쳐다보다가'를 반복했다.

우리 셋은 모두 할 말을 잊은 채 작은딸이 오는 길을 그려 보며 최악의 상황을 떠올리게 되었다. 작은딸은 일곱 살이지만 1월생이어서 1년 덜 자란 상태에서 입학했다. 아이가 워낙 작았기에 키 번호는 2번이었다. 끊임없이 온갖 상상을 하며 시간을 보냈는데도 그저 10분 정도밖에 안되었다. 아마 3시 30분부터 100분이 흐르는 동안 시계를 1,000번쯤 봤을 것이다.

5시 10분이 지날 때 전화벨이 울렸다. 우리 가족 셋이 모두 동시에 달려들어 수화기를 잡았는데 제일 힘이 센 내가 수화기를 낚아챘다. "여보세요. 거기 아무개네 집이지요?"라는 낯선 중년 사내의 물음에 "네!"라고 대답했지만, 가슴이 두근거리다 못해 숨이 막힐 지경이었다. 유괴? 아냐 그럴 리 없어. 우리 집은 부자도 아니잖아. 그렇지만 애가 너무 예쁘잖아!

두 아이와 함께 대중교통을 이용할 때마다 있었던 일이다. 사람들이 모여들어 두 딸을 보며 작은딸에게 "예쁘다!"라고 한마디씩 던졌다. 그때마다 큰딸이 상처받는 일이 종종 있었다. 돈을 얼마나 원할까. 지금 나는 박사 과정 중이라 직장을 휴직해서 돈이 한 푼도 없는데 어쩌나. 사정해 볼까, 들어줄까. 나는 침을 두어 번 삼키며 다음 말을 기다렸다. "아이를 데리고 어디로 갈까요?"라는 말에 귀를 기울이고 있던 우리 가족은 각각 "학교 앞" "슈퍼 앞" "녹지약국 앞"

으로 서로 다르게 외쳤다. 내가 다시 "녹지약국 앞으로요!"라고 하자 그는 "제가 아이를 데리고 녹지약국 앞으로 갈 테니 나오세요"라고 말했다. 나와 아내는 집을 나섰다.

아내와 함께 집을 나서는 순간부터 우리는 차가 오는 거리를 아랑곳하지 않고 미친 듯이 달려 녹지약국 앞에 도착했다. 숨을 헐떡이며 주변을 두리번거렸지만 아무도 없었다. 그때 또다시 나쁜 상상이 시작되었다. 기다려 보자며 달래는 내 말이 아내 귀에는 들어오지 않는 것 같았다.

길고 길게 느껴지는 5분이 지나며 저만치에 어느 중년 남자가 자전거에 작은딸을 뒤에 태우고 오는 모습이 보였다. 작은딸은 자전거가 흔들리는 대로, 좌우로 몸은 몸대로, 머리는 머리대로 마구 흔들리고 있었다. 가까이 다가올수록 작은딸의 모습은 하얗다 못해 창백한 얼굴에 입술은 새파래져 있었다. 아내는 달려가 자전거에서 작은딸을 안아 내렸다. 작은딸이 흐느끼자 "괜찮아!"라며 달래자 작은딸은 대뜸 "잘못했어요"라고 말했다. 그런데 그 잘못이라는 게 뭔지 나와 아내는 이해하지 못했다. 그것을 우리 부부는 시간이 지나서야 알아채고 자책하기에 이르렀다.

아내는 작은딸에게 낯선 사람을 따라가거나 낯선 사람에게 집 주소나 전화번호를 가르쳐 주면 안 된다고 강조했던 게 너무 지나쳤다. 작은딸은 길을 잃고 거리를 헤매다가 길바닥에 주저앉아 울면서도 낯선 사람에게 전화번호를 가르쳐 주지 않고 자전거에 오르지도 않고 오랜 시간을 버텼다. 마침내 더 이상 견디기 어렵게 되자 그 아저씨에게 전화번호를 가르쳐 주고 또 낯선 사람을 따라가게 되었다는 말이다.

하필이면 그 무렵 어느 TV 아침 프로그램에서 부모 찾기가 있었다. 5~6세쯤에 부모와 헤어져 성장한 사람들이 부모를 찾으러 방송에 나와 당시 상황을 설명하는 것을 네 가족이 보고 있었다. 큰딸은 헤어진 동생이 30년 후에 그 방송에 출연하는 상황을 재현하며 심술부렸다.

"저는 30년 전 서울에 있는 초등학교에 입학 후 친구 생일파티에 갔다가 집으로 돌아오는 길을 잃고 다시는 부모님과 만나지 못했습니다. 엄마 아빠 모두 선생님이었는데 엄마는 영어 선생님, 아빠는 수학 선생님이었습니다. 언니가 한 명 있었는데 저보다는 네 살 위였습니다. 저와 언니는 원주에 있는 큰엄마 집에서 컸는데 주말이면 엄마 아빠가 저를 보러 오셨다가 일요일 저녁에는 헤어져야 했습니다. 저는 큰엄마 집에서 네 살 때까지 살다가 서울 집으로 왔습니다. 엄마 아빠는 출근할 때 저를 가락동 YWCA 어린이집에 맡겨 놓고 퇴근할 때 저를 데려가곤 했습니다. 어떨 때는 언니가 저를 어린이집에 데려다주기도 했습니다. 엄마 아빠 보고 싶어요, 흑흑흑……."

헤어졌던 동생이 방송에 출연한 것처럼 큰딸이 그럴듯하게 연기할 때마다 작은딸은 속이 뒤집혔다. 언니에게 눈을 흘기며 싫어하는 데도 한동안 재밋거리가 되었다. 우리 가족은 그것을 웃어넘기면서도 세상살이가 만만치 않음을 되새기는 계기로 삼았다.

그날 지나간 시간을 되짚어 본다. 작은딸은 파티가 끝나고 롯데리아 출입문을 나설 때 우리 집 반대 방향으로 향했다. 한참을 가다 보니 아닌 것 같아 돌아섰는데 마찬가지였다. 서너 번을 왔다 갔다가 하던 끝에 그만 길바닥에 주저앉고 말았다. 그 시각 집에서는 몇 분 후에 작은딸이 현관문을 열고 들어올까를 상상하고 있었다. 이후부터는 길바닥에 있는 작은딸이나 집에 있는 가족들 모두 공황 상태에 빠졌다. 그 시간에 어쩌면 그렇게 많은 상상을 할 수 있었을까. 작은딸은 극한의 공포 속에서도 어떻게 주소와 전화번호를 가슴에 움켜쥐고 있었을까. 집에서 기다렸던 우리 부부도 엄청난 세월을 보낸 것 같다. 그렇게 시간은 무정하게 흘러가는 모양이다.

자장가

　잠을 잘 자는 것도 복이다. 많은 사람이 잠들지 못하고 밤을 하얗게 지새우기도 한다. 그럴 때마다 온갖 방법을 동원하며 잠들기를 바라지만 그럴수록 잠은 더 안 온다. 어떻게 해야 하나. 어떤 친구는 매일 밤이 미칠 지경이라고 한다. 심지어 밤이 오지 않았으면 한다는 말도 한다. 그런 얘기를 하던 중에 한 친구가 잠드는 방법이 있다고 자랑했다.
　책만 보면 잠이 온다고 말하는 친구는 책 읽는 소리만 들어도 수면제가 따로 없다고 한다. 그에게 책은 수면제나 자장가로 적격일 듯하다. 실제 그는 잠이 오지 않을 때 책을 들고 침대에 가면 엎드리든 눕든 금세 잠에 떨어진다며 책이 참 훌륭하다고 칭찬한다. 책의 쓸모가 그런 데 있을 줄은 미처 몰랐다. 나는 책이 온갖 쓸모를 간직한 물건이라는 걸 뒤늦게서야 알았다. 베개, 냄비 받침, 부채, 비자금 은닉, 컵라면 덮개, 장난감, 불쏘시개……
　어렸을 때 아버지는 종종 이야기를 들려주셨다. 특히 잠자리에서 이야기를 들으며 잠들었던 경우가 많았다. 아버지의 어린 시절, 구전 설화, 풍물, 추억, 괴담 등으로 나를 설레게 했다. 다음 날 깨어나 기억이 나지 않으면 다시 이야기해 달라고 조르기도 했다. 나를 재우는 자장가는 아버지의 이야기였다.

어릴 때 큰딸은 잠투정이 많았다. 갓난아이 때부터 예민한 모습을 보였다. 기저귀가 조금만 젖어도 갈아 줘야 잠들었다. 이후 말을 배우기 시작하며 자장가를 요청했다. 큰딸은 내가 모아 온 LP 음반으로 음악 감상을 할 때마다 가까이에서 음악을 듣곤 했다. 음악을 듣다 보면 금세 잠들어 있는 모습을 보고 얼른 자리에 누이고 음악 볼륨을 줄였다.

내가 수집한 LP 음반은 대부분 프로그레시브 록 계열의 음악이라 아기 자장가로는 적합하지 않았다. 그런데 어느 날 록 음악이 아닌 제임스 걸웨이의 「파이퍼 파이퍼」를 감상하는데 큰딸은 웅웅 소리를 내며 따라 하기 시작했다. 아마 플루트 소리가 와닿았던 모양이다. 그 후로 내가 음악을 들을라치면 웅웅 소리를 내며 들려 달라고 보챘다. 큰딸은 그 음악을 들려주면 금세 곤히 잠들곤 했다.

이와 다르게 작은딸은 잠들기 전에 늘 등을 긁어 달라고 하거나 자장가를 불러 달라고 했다. 나는 「자장자장 우리 아가」, 「브람스 자장가」, 「섬집아기」, 「모차르트 자장가」 등을 띄엄띄엄 불렀던 기억이 난다. 어느 날 작은딸은 내가 자장가를 부르지 않자 스스로 자장가를 부르기 시작했다. 내 팔을 베고 누운 작은딸은 얼마 후 "……팔 베고 스르르르 잠이 듭……"라는 부분만 부르다 잠이 들었다. 작은딸의 자장가는 등 긁기와 내가 부르는 노래 그리고 작은딸 스스로 부르는 노래였다.

또 있다. 두 딸은 종종 책을 읽어 달라며 아예 책을 들고 왔다. 여러 동화가 있었지만, 그중에서 베르너 홀츠바르트의 『누가 내 머리에 똥 쌌어?』라는 책을 제일 많이 읽어 달라고 했다. 그 책이야말로 두 딸의 자장가로 손색이 없었다.

어느 해 추석으로 고향에 갔던 친구가 다시 귀경하여 병원에 입원했다. 내가 병원으로 급히 달려가 보니 친구는 비타민 링거를 맞고 있었다. 사연인즉 친구는 예전부터 불면증에 시달리며 수면제 처방을 받아 왔다. 그런데 병원 가는 게 귀찮은 나머지 수면제 대신 매일 소주를 반 병씩 마시며 잠들었다. 1년여 동안 소주만 마신 결과 비타민 결핍으로 쓰러지고 말았다. 아! 소주를 장복하면 비타민이 빠져나가는구나! 이후부터 친구는 수면 유도제를 먹었다. 약효가 여덟 시간이라 저녁 8시에 먹으면 새벽 4시에 깨서 일어나야 한다. 자장가는 아이들에게만 필요한 건 아니다. 친구의 자장가는 수면제, 소주, 수면 유도제였다.
 자장가는 아기에서부터 할머니 할아버지에 이르기까지 모두에게 필요하다. 자장가가 꼭 노래일 필요는 없다. 노래든 책이든 장난감이든 먹는 것이든 쉽고 편하게 잠들 수 있게 한다면 모두 자장가가 아닐까.

씨팔

군에 입대하여 훈련받고 소속 부대로 이동하던 중 있었던 일이다. 연대본부에서 대기할 때 어느 기간병이 나를 불렀다. "우리 부대는 쌍욕 5,000번을 해야 제대한다. 너는 절대 그러지 마라! 졸병이 마음에 들지 않더라도 욕하지 말고 때리지 마라! 선임자가 욕하더라도 욕먹고 그냥 끝내면 돼"라며 부처님이나 예수님 같은 말을 했다. 병적기록 카드에서 내가 대졸자라는 것과 교사가 된다는 것을 알았다며 자신은 기독교인이라고 했다.

그 기간병 말마따나 군대에서는 매사에 욕이 빠지지 않았다. 온갖 욕이 군대에서 만들어져 사회로 유입된다는 말이 사실인 것 같았다. 나는 생각해 봤다. 과연 군대에서 사용하는 말 중에 욕을 빼면 뭐가 남을까. 욕의 미학 운운하며 욕의 긍정적 측면을 이야기하는 사람이 있지만, 그것은 제한적이다. 때와 장소를 구분할 수 있어야 한다. 또 사람이 고통받을 때 욕을 하면 진통제 효과가 있다는 말도 있다. 비록 그렇더라도 욕은 그저 욕일 뿐이다.

큰딸은 태어난 지 두 달 후 대전 외할머니 손에 맡겨졌다. 그런데 외할머니가 병나는 바람에 겨우 두 달 만에 끝났다. 다급해진 나는 원주 사촌 형에게 손을 빌렸다. 다행히 형수님이 흔쾌히 허락해 주신 덕에 큰딸 육아 문제가 해결되었다.

게다가 형수님은 아기를 사랑하는 것뿐만 아니라 아기를 다루는 솜씨가 장인의 손길 그 이상이었다. 이를테면, 아기를 씻길 때 우리 부부는 둘이 네 개의 손으로 붙들고 애를 써도 쩔쩔매는 판이었다. 그런데 형수님은 혼자서도 우리 부부 두 몫 이상을 거뜬히 해냈다. 게다가 아기를 업고 이런저런 이야기를 나누면서 주방에서 덜그럭거리는 소리도 거의 없이 슬며시 진수성찬을 내놓았다. 눈썰미나 손맛을 넘어서는 신기한 수준이다.

우리 부부는 주말이면 원주로 가서 형님 내외분과 함께 큰딸을 데리고 조용한 인근 계곡에서 시간을 보냈다. 형님은 도시에서 접근하기조차 어려운 시골 구석구석을 찾아내어 딸에게 선물했다. 도시에서 태어난 딸은 시골 태생의 아이들 못지않게 맑은 물과 깨끗한 공기를 마음껏 마시고 자랄 수 있었다. 축복이란 말은 이럴 때 잘 어울릴 듯하다.

큰딸이 세 살 무렵이었을 것이다. 어느 날 큰딸을 보러 원주에 갔는데 보자마자 "아빠 안녕? 씨팔!" 한마디에 나는 그만 자지러졌다. 그 뒤로 계속 이어지는 씨팔은 끝이 없었다. 말끝마다 씨팔을 붙여 대는 통에 나는 그냥 웃기만 할 수도 없었다. 어찌 된 영문인지 알아봤다. 이웃집 어느 아주머니가 아이를 이뻐하다 심심했는지 장난을 치기 시작했다. 아이는 시키는 말을 따라 하다가 마침내 그 정점인 씨팔까지 이른 것이다.

일찍이 결혼한 친구 부부에게 딸이 태어났다. 그 딸이 두세 살 무렵에 우연히 방문한 나는 아주 간지러운 상황을 맞이했다. 그 친구는 딸에게 존댓말을 가르쳤다. 아버님 어머님 호칭은 기본이었다. 친구가 물을 먹고 싶다고 하자 딸이 물을 한 컵 갖고 와서 "아버님, 물 떠 왔습니다!"라는 낭랑하고 간드러진 목소리에 나는 벌어진 입을 다물지 못했다.

소설가 강홍규가 전하는 이야기가 있다. 아침 일찍이 시인 천상병이 주모 없는 과붓집에서 막걸리를 퍼마셨다. 과부의 어린 아들에게 아이스크림을 사 주며 "우리 아빠는 천상병이다!"라는 말을 가르치고 있었다. 마침 시장에서 장을 보고 돌아와 문간에서 그 말을 따라 하는 아들을 본 과부는 식탁 위의 막걸리를 천상병 머리에 들어부었다. 이게 끝이 아니다.

오후에 술기운이 가득 오른 천상병이 과붓집에 다시 나타났다. "네 남편 왔다!" "여관 가자!" "아들은 어디 갔나?"라며 기고만장한 천상병에게 "꼴값하네!" "미쳤구나!"라는 주모의 말보다 확실한 한마디가 있었다. 안에 있던 과부의 어린 아들이 방문을 열며 늠름하게 소리 질렀다. "천상병, × 새끼야!" 한마디에 천상병의 웃음소리가 바로 멈췄다. 오전 내내 과부가 어린 아들을 새로운 말로 세뇌한 쾌거였다.

세뇌는 무섭다. 의식적인 세뇌가 있지만, 무의식적인 세뇌가 더 많다. 어쩌면 무의식적으로 이루어지는 세뇌야말로 우리 삶 전체를 지배하는지도 모른다. 명나라 말기의 사상가 이탁오는 세속적인 것에 일절 오염되지 않은 동심만이 인간의 본래성을 상징한다고 보았다. 그 동심에 어른들이 온갖 때를 묻혀 놓을 때마다 아이는 순수에서 더욱 멀어진다. 나도 모르게 큰딸에게 무의식적으로 세뇌한 게 얼마나 많을지 걱정된다. 동심을 각성시키기는커녕 엉뚱한 때만 쌓이게 만든 시간을 돌아보며 느끼는 회한을 어쩌지 못한다. 씨팔!

슬픈 눈망울

 중학교 3학년 때 하숙집 아저씨는 "사람은 세월이 가며 모든 게 변한다. 그런데 오직 변하지 않는 게 눈이다"라고 말씀하신 기억이 난다. 그래서인지 경찰에서 특정인을 감춰야 할 때는 눈을 가린다. 하기야 요즈음은 쌍꺼풀 수술 등으로 눈 모양을 바꾸고는 있지만, 그 외에는 거의 손댈 일이 없다. 가만히 생각해 보니 아저씨 말씀이 맞는 것 같다.

 아이의 눈망울을 보면 그 순수함에 감명받는다. 이탁오도 아마 아이의 눈망울을 보고 동심설이 떠올랐을지도 모른다. 불교의 유명한 선사 중에는 어린아이를 부처님이라 부르며 예우하는 분도 있었다. 그 선사 또한 아이의 눈망울에서 부처님을 보았을 것이다. 우리는 대화할 때 상대의 눈을 본다. 누구나 상대의 눈을 바라보면 거짓말하지 못한다. 바꾸어 말하면 눈을 외면하는 사람은 거짓에 가까워진다는 뜻이다.

 범죄 영화를 보면 두목이나 상급자는 하급자에게 눈을 외면하고 말하는 장면이 종종 눈에 띈다. 진실과는 거리가 먼 행동을 요구하거나 강요하는 행위이다. 물론 무조건 복종하라는 상명하복 관계에서 나타나는 의식으로 볼 수도 있지만, 눈을 피하는 행위는 진실을 외면하는 대표적인 모습이다. 눈으로 말한다는 말도 있지 않은가.

사람만 눈으로 말하는 게 아니다. 동물도 마찬가지다. 학생들과 제주 수학여행 중 코끼리 묘기를 관람할 때였다. 태국에서 온 코끼리와 조련사는 상상하기 어려운 묘기로 관중을 놀라게 했다. 그토록 거대한 몸집의 코끼리가 두 앞발을 모두 들고 일어서서 걸었다. 이어서 두 뒷발을 모두 들고 물구나무를 서서 한참을 서 있었다. 누워서 좌우로 구르기도 하고 제자리에서 네 발을 모두 붙이고 빙글빙글 도는 묘기도 있었다. 그 와중에 코끼리가 엄청난 양의 오줌과 똥을 쏟아 내자 관중들이 크게 웃어 댔지만 나는 웃을 수 없었다. 내 눈과 코끼리 눈이 마주쳤기 때문이다. 코끼리 묘기를 처음 본 원어민 교사가 환호하며 내게 물었다.

"코끼리 묘기가 어떤가?"

"슬프다."

"왜 슬픈가?"

"코끼리의 슬픈 눈망울을 봤다."

"……"

"살아 있는 코끼리 눈이 아니었다."

"……."

"코끼리가 야생으로 돌아갔으면 좋겠다."

코끼리 묘기가 끝나고 숙소로 돌아온 우리는 다시 이야기를 나누었다. 내가 동물원은 야만적이라고 하자 그는 역사학 전공자답게 흔쾌히 동의했다. 동물원의 역사는 인간이 저지른 야만의 역사로 봐야 한다. 또 자연을 존재의 대상이 아닌 소유나 정복의 개념으로 접근한 유럽인들이 아시아인과 아프리카인을 야만으로 본 것 또한 같은 맥락이다.

작은딸이 집 근처 YWCA 유치원에 맡겨져 있을 때다. 주로 큰딸이 등굣길의 유치원에 데려다주고 하굣길에 데리고 왔다. 그날은 아내나 큰딸이 작은딸을 데리고 올 수 없었다. 다행히 그날은 학교에서 남한산성 산행하는 날이라 내가 데려오기로 했다. 산행은 오후 3시쯤 끝났는데 귀가 지도를 마무리하며 선생님들은 이른 저녁을 먹고 6시쯤에 잠실역 근처의 노래방에 갔다. 나는 속이 탔지만 드러낼 수 없었다. 학년 부장이었던 나는 6시 30분쯤에 노래를 한 곡 부르고 부리나케 빠져나왔다. 택시를 한참이나 기다려서 타고 유치원에 도착하니 7시가 지나고 있었다.

유치원 놀이방 문을 열어 보니 아무도 없고 조명도 꺼져 있었다. 반대편의 다른 방에서 TV 소리가 들리기에 문을 열어 보니 작은딸과 사내아이 둘만 있었다. 나는 반갑게 나오는 작은딸을 데리고 돌아서다 멈칫했다. 사내아이의 눈과 마주쳤기 때문이다. 그 아이 눈망울에 눈물이 고이고 있었다. 나는 아이에게 "엄마, 몇 시쯤 오니?"라고 물었다. 그 아이는 눈 안에 고였던 눈물이 넘쳐흐르는데도 눈 한 번 껌뻑이지 않고 나를 계속 바라보는 것으로 대답을 대신했다. "엄마, 곧 올 거야!"라는 말은 아이에게 위로가 될 수 없었다. 그렇다고 달리 할 말이 생각나지도 않았다.

작은딸 손을 잡고 집에 오는 동안 그 사내아이의 그렁그렁한 눈물이 내 걸음걸이를 계속 방해했다. 그렇다고 그 아이를 우리 집으로 데리고 올 수도 없는 노릇이었다. 우리는 슬플 때 소리 내어 울기도 하지만 소리 없이 울기도 한다. 눈물이 흐르지 않아도 눈은 슬픔을 감추지 못한다. 나는 사내아이 눈망울에 드리운 슬픔을 또렷하게 봤다.

재롱과 효도

 부부는 아이가 태어나면 새 생명의 경이로움을 알게 된다. 양육의 고달픈 나날이 계속되면서도 한편에선 기쁨이 샘솟는다. 나날이 자라는 아이를 보며 희망과 기대는 한없이 부풀어 오른다. 특히 말을 배우기 시작하며 재롱이 시작된다. 그 재롱으로 양육의 고뇌를 잊기도 한다.

 재롱은 일찍 시작하지만, 그리 오래가지 않는다. 초등학교 상급 학년만 되어도 재롱은 어느 틈에 사라져 버렸는지도 모른다. 어쩌면 품 안의 자식이라는 말처럼 부모의 품을 벗어나는 순간 재롱도 함께 자취를 감추는 게 아닐까, 하는 생각마저 든다. 아이가 크면서 자연히 나타나는 과정이지만 부모로서는 아쉬움을 떨쳐 내지 못한다.

 큰딸이 여섯 살 때였다. 여섯 살이지만 12월생이니 만으로는 네 살 조금 지났을 것이다. 어느 날 집에 나와 둘만 있었다. 그 당시 나는 박사 과정 중이었는데 늘 잠이 부족했다. 아침 6시에 일어나 6시 40분경에 집을 나와 연구실에서 공부하다 자정 무렵에 귀가하는 패턴을 반복하고 있었다.

아내는 아이 잘 돌보라고 하며 외출하고 없었다.

큰딸은 피아노를 치며 놀다가 토요일 아침에 늦잠 자는 나를 깨웠다. 큰딸은 피아노 옆에 나를 세워 놓은 다음 노래를 부르라고 했다. 졸음에 힘겨운 내가 노래를 제대로 부르지 않자 큰딸은 그만 엉엉 우는 것이다. 가사가 틀렸다, 박자가 안 맞는다, 율동이 없다, 두 손을 모으지 않는다, 등등의 지적을 받는데 내가 따라 하지 못하니 또 울었다. 아빠가 잘못했다며 큰딸을 달래 놓고 심기일전하여 여러 차례 반복해서 연습한 끝에 노래하기에 합격했다. 큰딸이 시범을 보이며 따라 하라는데 내겐 너무 힘들었다.

아내가 돌아오자 큰딸은 그동안의 과정을 하나하나 일러바치는 것이다. 당연히 아내가 가만있지 않았다. 아내의 타박을 피할 길이 없었다. 그러니 큰딸이 그리는 그림에 아빠가 없다는 말까지 쏟아졌다. 그럴 수밖에 없었다. 한 학기 내내 아이 자는 모습 외에는 깨어 있을 때를 본 적이 거의 없었다. 주말에도 연구실에 나간 적이 많았기 때문이다.

작은딸이 네 살 때였다. 큰딸은 편도선 수술로 병원에 입원해 있었다. 집에는 나와 작은딸만 있었다. 한참 재롱을 부리던 작은딸이 심심했는지 밖에 나가 놀자고 했다. 한겨울이라 추웠다. 며칠 전에 내린 눈이 녹은 후 한파가 몰려와 아파트 주위 곳곳에 빙판을 만들어 놓았다. 썰매가 없으니 신발로 얼음을 지치며 놀았다. 그러다 나는 근처에 있는 차를 닦기 위해 작은딸에게 혼자 놀라고 했다. 내가 차를 닦는 동안 혼자 놀던 작은딸이 손이 시리다고 해서 손을 주머니에 넣으라고 한 게 잘못이었다. 얼마 후 손을 주머니에 넣고 얼음을 지치던 작은딸이 자지러지는 소리를 냈다. 차를 닦다 말고 돌아보니 작은딸이 앞으로 고꾸라져 있었다. 달려가 일으켜 세웠더니 코와 입에서 피가 줄줄 흘렀다.

대강 지혈만 하고 큰딸이 입원한 병원 응급실로 달려갔다. 응급실에서는 코와 입술 상처를 치료한 후 정형외과와 성형외과 전문의 소견을 받아야 한다고 했다. 그때까지 울지 않고 치료를 잘 받던 작은딸이 갑자기 울음을 터뜨렸다. 아마 엄마 생각이 났던 모양이다. 아무리 달래도 울음을 멈추지 않았다. 게다가 닭똥 같은 눈물도 뚝뚝 떨궜다.

마침 응급실에 그 당시 인기 절정의 배우 겸 가수 이정현이 들어와 작은딸 근처에서 진료를 기다리고 있었다. 가수 이정현이 다가와 "너 정말 이쁘다! 울면 바보!"라고 하자 작은딸은 울면서도 "아빠, 나 저 언니 알아!"라고 해서 간호사들을 웃겼다. 주위의 간호사들이 몰려와 울고 있는 작은딸을 보며 이번에는 너도나도 "울어도 이쁘네!"라고 해서 아이를 혼란스럽게 하고 말았다. 그때 가수 이정현이 다시 작은딸에게 다가와 "언니가 이쁘다는데 또 울 거야?"라고 하자 울음을 멈췄다. 하지만 작은딸 눈에는 눈물이 가득 고여 넘칠락 말락 했다.

잠시 후 달려온 아내는 작은딸을 보자마자 눈을 흘기며 나를 위아래로 훑어보는 눈길이 예사롭지 않았다. 옛말에 "애 본 공 없다!"는 말이 딱 들어맞았다. 별일 없었더라면 재롱만 추억이 되었을 텐데 그렇지 못했다. 내겐 핀잔만 남았다.

두 딸에게서 재롱이 사라진 후 나는 훗날의 효도를 떠올렸다. 그런데 한 친구가 내 기대를 박살 냈다. 재롱이 효도란다. 나중에 가만히 생각해 보니 재롱이 효도라는 말이 맞는 것 같다. 그 후부터 생각을 바꿨다. 재롱과 효도를 분리하지 말자. 재롱이라는 효도를 이미 받은 것으로 하자고 말이다. 멀쩡한 자식에게 효도하느니 안 하느니 하며 괴로워할 필요가 없다. 사는 게 훨씬 즐거울 것이다.

반찬 투정

1990년대 말부터 학교 급식이 시작되었다. 서울에서 최초로 학교 급식을 한 학교는 인기가 대단했다. 학부모들이 위장전입을 하며 전학을 올 정도였다. 그만큼 자녀 도시락 싸는 게 힘들다는 것을 말해 주는 증거이기도 하다. 내가 그동안 학교 급식이 없었던 사실을 개탄하는 까닭이 있다. GNP 최하위에 머물러 있는 인도가 우리나라보다 무려 50년 앞서 학교 급식을 했기 때문이다.

잠깐, 학교 급식 직전의 상황을 살펴볼 필요가 있다. 학교에서는 결손가정 학생이나 그렇지 않더라도 도시락을 싸오지 못하는 학생에게 급식을 제공했다. 다만 개개인을 따로 불러서 밥을 먹이는 게 만만치 않았다. 음식점에 주문한 밥을 담임이 받아 교실이 아닌 다른 장소에서 밥을 먹여야 하는데 학생은 먹지 않겠다고 버텼다. 학생에게 돈을 주면 좋으련만 그렇게 하지 못하는 사정이 있었다.

그러다 학교 급식이 시작되며 이런저런 일들은 추억이 되었다. 그런데 유료 급식이다 보니 담임교사는 급식비 독촉을 벗어날 길이 없었다. 매월 말마다 급식 미납자 명단을 보고 급식비 납부 독려를 하는 게 고역이었다. 이것은 교사 발령 초기에 납부금 미납자를 귀가시키던 상황과 비슷한 느낌이 들었다. 납부금을 내지 않았다고 등교한 학생을 집으로 돌려보내라는 교감 선생님과 실랑이를 벌이기도 했다.

그 후 10년쯤 지나며 무료 급식으로 바뀌었다. 그것만 해도 사회적으로 갑론을박이 너무 심했다. 무료 급식의 교육적 의미는 외면하기 일쑤였다. 하여튼 우여곡절 끝에 무료 급식은 정착되었다.

이때 한 학생과 설전을 벌였다. 그 학생은 선생님이 공짜로 밥을 먹는다며 흥분했다. 가만있을 수가 없었다. 선생님이 돈을 내고 먹는다는 것을 확인시키고 너야말로 공짜로 먹는 녀석이 말이 많다며 핀잔을 주었다. 그러자 그 학생은 자기 아버지가 세금을 낸다며 맞섰다. 나는 세금도 내고 밥값도 낸다며 일격을 가했다. 한 걸음 더 나아가 선생님들은 돈을 내면서도 공짜로 먹는 학생들의 밥을 얻어먹는 것과 같은 처지에 있다고 목소리를 높였다. 그 학생이 뭔 뜻인지 모르는 것 같아 자세히 설명했다. 학생과 어른이 입맛이 다른데 요리는 학생 입맛에 맞추어 조리했기 때문에 선생님들은 울며 겨자 먹기처럼 억지로 먹는다는 것을 강조했다.

특히 그 학생은 반찬 투정이 심했다. 나는 그걸 가만 놔두지 않았다. 너는 집에서 얼마나 잘 먹기에 그러냐며 가정 방문을 해야겠다고 몰아붙였다. 반찬 투정은 습관에서 비롯된다. 그 습관을 고쳐 나가도록 상담할 때마다 충고했다. 이와 관련해서 나는 학생들에게 전설 같은 이야기를 하게 되었다.

아마 앞으로도 야산 이달 선생만큼 주역에 통달한 분이 나오지는 않을 것 같다. 야산 선생은 6.25 전쟁을 예측하고 그에 대비하여 화를 면한 분이다. 얼마 전에 작고한 재야 역사학자 이이화 선생의 아버지다. 야산 선생에게서 주역을 배운 분이 전하는 이야기가 있다.

대둔산 석천암에서 주역을 공부하던 사람들은 거의 주역에 매달리다시피 하는 사람들이었다. 밥이나 반찬 투정할 겨를이 없었다. 야산 선생이 수업료를 받지 않았기에 각자 자신이 먹을 쌀만 몇 말씩 짊어지고 암자를 찾아온 사람들이었다. 그런데 밥은 쌀밥이었지만 반찬은 소금 하나뿐이었다. 어쩌다 제자가 야산 선생과 장을 보러 가면 사 오는 것도 맛간장 한 가지뿐이었다. 함께 공부하던 제자들은 그 맛간장을 반찬으로 밥을 먹었을 때의 기쁨을 잊을 수가 없다고 했다.

  나는 어렸을 때 반찬 투정을 딱 한 번 했다. 아버지가 바로 한마디 하셨다. 엄마가 정성을 다해 마련한 음식을 그래서는 안 된다는 말씀이었다. 엄마의 손맛이야 온 동네가 다 아는 솜씨였다. 기억나지 않지만 나는 뭔가 심술이 나서 그랬던 것 같다. 하여튼 나는 그 이후로 반찬 투정을 해 본 적이 없다.

  아버지는 여하한 경우에도 나를 나무라지 않는 분이었는데 밥상을 앞에 놓고 반찬 투정하는 것은 있을 수 없다고 보았다. 그때 아버지 말씀이 밥상을 앞에 두고 잊지 말아야 할 평생의 가르침이 되었다. 다행히 두 딸은 반찬 투정을 일절 하지 않았다. 그것 하나만으로도 어디 가서 손가락질 받을 만한 일이 한 가지 줄었다고 봐야 한다. 두 딸이 자랑스럽다. 그저 고마울 뿐이다.

초식동물

두 딸이 어렸을 때다. 대관령 소 목장이 개방되어 관광할 수 있게 되었다. 우리 가족은 바로 찾아갔다. 운영업체는 이른 아침 첫 손님이라며 특혜를 주었다. 한 달 전쯤에 있었던 장마로 목장 곳곳의 도로가 유실되었다. 내 승용차로는 탐방이 어려운데 사장님은 자신의 사륜구동 차량을 빌려주었다.

먼저, 소달구지를 타고 이동한 후 빌린 차에 네 가족이 올랐다. 1,400만 평이나 되는 목장 곳곳을 찾아가며 소 떼는 물론이고 절경을 감상할 수 있었다. 특히 태백산맥 정상에서 동해 수평선을 제대로 내려다볼 수 있었다. 유실된 도로가 많았지만, 사륜구동 차량은 개의치 않았다.

소들이 사는 외양간을 구경하며 내가 어릴 때 드나들었던 외양간이 떠올랐다. 소먹이를 주거나 소똥을 치우며 한겨울에도 땀을 흘렸다. 방목하던 소를 외양간에 들여보낸 후 소들을 정돈할 때 소 발굽에 밟히기도 했다. 그래도 크게 다치지는 않았다. 소들은 물컹한 게 밟히면 발굽을 슬쩍 들어 준다. 그렇기에 내가 자주 밟히면서도 그저 발등에 찰과상 정도만 남을 뿐이었다. 소뿔에 받히기도 했지만, 그 또한 가벼운 상처로 끝났다.

소 목장에서 불쌍한 송아지를 봤다. 방금 태어난 송아지가 어미젖을 먹지 못하고 우유병을 빨고 있었다. 태어나자마자 어미와 격리되었다. 어미젖은 목장에서 생산하는 집유소로 흘러가고 있었다. 목장 관리인에게 물어보니 젖소들은 모두 그렇단다. 모든 젖소의 송아지들은 어미젖을 모르고 자라고 있었다.

그해 겨울 어느 날 대관령 목장 근처에 있는 양떼목장을 찾았다. 아직 목장이 완성되지 않아 도로 상태가 좋지 않았다. 목장에서는 입장료를 받지 않고 그냥 구경하라며 산언덕에서 썰매도 타라고 일러 주었다. 겨울이라 외양간에서 여물을 먹는 양 떼를 돌아보고 썰매장으로 갔다. 두 딸은 신이 났다. 마침 방문객이 우리를 포함해서 두 팀만 있었기에 쉴 새 없이 썰매 타기를 즐겼다. 추운 줄도 모르고 지치도록 썰매를 타던 두 딸이 그만 가자고 해서 목장을 나왔다.

그 후 10여 년이 지나 다시 양떼목장을 방문했다. 이번에는 여름이었다. 방문객 중에 유치원 아이들이 많았다. 그 아이들은 인솔한 선생님이 안내하는 양 먹이 주기 행사에 참여하고 있었다. 그런데 아이들은 양이 무서워 양 가까이 가기를 두려워했다.

내가 시범을 보였다. 나는 아이들에게 "양은 깨물지 못해!"라고 하며 양을 붙들고 내 손을 양 입속에 넣어 보였다. 초식동물은 앞 윗니가 없기에 깨물지 못한다. 이 또한 양 입을 벌려서 보여 주었다. 이어서 내가 양 입에 손을 집어넣었을 때 깨물지 못하는 것을 보았으면서도 아이들은 양이 가까이 다가오면 양 먹이통을 내던지고 달아났다. 인솔하는 선생님도 애써 봤지만 소용없었다. 그렇다. 동물과 친해지려면 시간이 필요하다.

내가 자란 시골에는 엄마 같은 사촌 누님이 있다. 나는 두 딸이 어릴 때부터 사촌 누님 댁을 종종 찾았다. 두 딸은 어미 소와 송아지를 관찰할 수 있었다. 송아지가 젖 먹는 모습과 어미 소가 여물을 먹는 모습도 봤다. 두 딸은 소와 송아지를 가까이서 보는 게 익숙해지자 송아지 만지는 것을 무서워하지 않게 되었다. 덩치에 비해 제일 순한 동물이 소일지도 모른다.

나는 산골에서 자라며 소, 개, 고양이와 함께 생활했다. 그 동물들의 특성을 자연스럽게 익혔다. 19마리나 되는 소를 기르다 보니 순한 소, 얌체 소, 이쁜 소, 미운 소가 보였다. 그 특성에 맞추어야 관리가 수월하다. 개도 마찬가지다. 고양이는 육식동물답게 이빨이나 발톱이 공격용이어서 조심해서 다뤄야 한다.

　우리는 살아가면서 온갖 동물과 마주하게 된다. 그중에서도 내가 초식동물과 가까워지기를 권하는 까닭이 있다. 육식동물과 다르게 초식동물은 공격성이 거의 없다. 특정한 순간에만 잠깐 나타날 뿐이다. 더불어 살 줄 아는 동물이 바로 초식동물이다. 어릴 때부터 초식동물과 친숙해지며 삶의 지혜를 얻을 수도 있다. 도시의 삶과는 거리가 먼 이야기지만 소를 기르며 배운 것도 도시에서 써먹을 데가 있다는 말이다.

연필과 쓰기

　초등학교에 입학할 때 필통이 뭔지 몰랐다. 책가방 대신 나일론 보자기에 책, 공책, 필기도구 등을 함께 싸서 오른쪽 어깨에 메고 등교했다. 초등학교 4학년 어느 날, 엄마가 책가방을 사 주셔서 책보 등교는 3년여 만에 끝내고 초등학교를 졸업할 무렵에야 필통에 필기도구 넣는 것을 알았다.

　중학교에 입학하자마자 필통을 마련해서 연필, 지우개, 칼, 볼펜, 만년필, 펜대, 펜촉, 샤프 연필, 샤프심 등을 제일 먼저 챙겼다. 중학교 때는 샤프 연필을 사용하기도 했지만 주로 연필을 깎아 썼다. 이와 함께 볼펜과 만년필을 쓰면서 펜도 사용했다. 이런 습관은 고등학교와 대학을 졸업할 때까지 거의 변하지 않았다.

　세월이 흘러 두 딸이 초등학교 다닐 때였다. 연초에 집안 어른들 인사를 다녔는데 어른들은 두 딸에게 용돈을 주었다. 아내가 그 돈을 모아서 저축 통장에 넣어 주곤 했는데 일부는 두 딸이 지니고 있기도 했다. 어느 날 두 딸은 함께 문방구에 갔다. 각각 비싼 필통을 구매하고는 흥에 겨위 돌아왔다. 문제는 그 필통을 본 아내가 두 딸을 나무라기 시작했다.

첫날은 그럭저럭 잘 넘겼는데 꾸중이 계속되자 두 딸은 필통을 감추고는 문방구에 갖다줬다고 둘러댔다. 그렇지만 며칠씩이나 사용하던 학용품을 문방구에서 반환해 줄 리 없다는 걸 눈치챈 나는 두 딸을 달래 필통 감춘 곳을 찾아갔다. 큰딸은 아파트 앞 화단 근처 측백나무 틈새에 넣어 둔 걸 찾아왔다. 작은딸은 학교 분리수거 자루에 버렸다는데 이미 분리수거 자루가 사라져 버린 걸 보고는 황망히 돌아섰다.

나는 두 딸이 초등학교에 다니는 동안 거의 이틀에 한 번 꼴로 연필을 깎았다. 보통 다섯 자루에서 열 자루씩 깎아서 필통에 담아 주었다. 그런데 큰딸 필통은 사나흘 정도까지 연필심이 쓸 만하게 남아 있는데, 작은딸 필통에는 온통 부러지거나 뭉툭하거나 아예 사라지는 연필이 종종 발견되었다. 사연인즉 작은딸 근처에 앉은 사내 녀석들이 필기도구 없이 등교하여 한두 명씩 연필을 집어 가기 시작했다. 그러니 내가 연필을 한 번에 열 자루씩이나 깎아서 필통에 넣어 줘도 작은딸이 쓸 연필은 한두 개밖에 남지 않았다.

나는 작은딸을 세뇌했다. 앞으로 네 필통에서 연필을 꺼내 가는 녀석이 있거든 귀때기를 아프게 잡아 당기라고 했다. 그렇게 할 수 있겠느냐고 다그치자 작은딸은 머뭇거렸다. 네가 그렇게 할 수 없다면 아빠는 앞으로 연필을 깎아 주지 않겠다고 으름장을 놓자 작은딸 얼굴에 걱정이 드리워졌다. 나중에 알아보니 작은딸은 연필을 마구 가져가는 녀석들의 귀때기를 잡아 당기기는커녕 제지하는 말도 제대로 하지 못했다. 그렇지만 나는 더 이상 어쩌지를 못했다.

하여튼 작은딸이 초등학교에 입학한 후, 큰딸은 동생이 걱정되어 쉬는 시간마다 동생 교실을 찾아갔다. 매일 매시간 찾아오는 언니 덕에 작은딸은 안심이 되었겠지만, 작은딸 담임 선생님은 이젠 그만 오라고 할 정도가 되었다. 그래도 큰딸은 쉴 새 없이 동생을 찾아갔다. 아마 작은딸 필통에서 연필을 마음대로 꺼내 가던 녀석들은 언니의 등장에 움찔했을지도 모른다.

언제부터인가 학교에서 학생들 공책 검사를 하지 않기 시작했다. 수행평가에 공책 검사 결과를 반영해 왔는데 교육청에서 금지했다. 당연히 학생들 가방에서 공책이 사라지기 시작했다. 이와 함께 연습장도 사라졌다. 물론 교과서가 워크북 형식으로 바뀐 탓도 있고 더 나아가 휴대전화의 노트 기능, 태블릿PC 지급 등도 원인이랄 수 있겠다. 그러나 과연, 필기도구 없는 학생들이 매일 학교와 학원을 오고 가고는 있지만, 연필로 쓰지 않는 공부가 얼마나 학습에 효율적인지는 의문스럽다.

근래에 학습 평가가 성과를 판단하는 평가(evaluation)에서 성과의 질을 향상시키는 평가(assessment)로 바뀌었다. 과목에 따라 논술 고사 등을 부여하며 변화를 꾀하고 있지만, 교실에서 쓰기가 사라져 가는 느낌을 지울 수가 없다. 학생들은 선생님 말씀을 수시로 메모하며 쓰기가 항상 내 곁에 있다는 의식이 있어야 하는데 그렇지 않다는 현실을 외면하지 말았으면 좋겠다.

교육 당국 역시 고민을 거듭하며 보다 나은 교육을 위해 애쓰고 있지만 쓰기 교육을 강화하는 방안은 눈에 띄지 않는 듯하다. 유럽 등의 선진국이 초등에서 대학에 이르기까지 그토록 쓰기 교육에 열을 올리는 것을 우리 교육 당국은 왜 외면하는지 모르겠다.

어떤 학생들은 교사가 수업 중에 무엇인가 메모를 하라고 해도 쓸 생각이 없는 것은 물론이고 학습지에 이름 쓰기조차 귀찮아한다. 교사가 다그치면 억지로 옆 친구의 필통에서 허락도 없이 필기도구를 그냥 꺼내 쓰고는 돌려줄 생각도 하지 않는 학생들이 한두 명이 아니다. 그러니 중학생이 되어서도 시험 답안지에 제 이름 석 자를 채점 교사가 알아보기 힘들게 겨우 쓰는 게 이해된다.

    요즈음, 학생용품 일부를 학교에서 구매하여 나누어 주다 보니 일부 학생들은 필기도구는커녕 빈 가방이거나 아예 가방도 없이 주머니에 휴대전화만 넣고 등교한다. 그러니 학생 가방에 필기도구를 넣는 필통이 없는 게 이상하지 않고 필기도구 없는 게 당연하다. 그 원인 중의 하나가 바로 공책이다. 공책이 사라지며 연필이 사라졌고 동시에 쓰기도 사라져 갔다. 이런 상황이 계속되어서는 곤란하다. 쓰기 교육이 언제 어떻게 달라질지 기다려 보겠다.

기쁘거나 슬프거나 부끄러운

 우리가 살아가면서 처음 경험하는 것은 평생 기억에 남는다. 특히 어릴 때의 경험일수록 더욱 그렇다. 나는 여섯 살 무렵, 처음으로 가게에서 물건을 샀다. 가게에 어떤 물건이 있는지를 몰랐는데 어느 군인이 준 생라면 맛을 떠올리고 라면을 샀다. 나는 아버지가 끌고 가는 송아지 뒤를 따라가며 라면 부스러기를 입에 넣기 바빴다. 어린 나이에 무려 30리 산길을 걸으면서도 힘든 줄을 몰랐을 정도로 생라면은 천상의 맛이었다.

 중학교에 입학한 후, 어느 가게 앞을 지나가다 학생들이 따끈따끈한 삼립 호빵 먹는 걸 봤다. 김이 모락모락 오르며 호빵 한가운데 진한 팥고물이 보이자 그만 목구멍으로 침이 꼴깍 넘어갔지만, 주머니에 20원이 없어서 그냥 하숙집으로 갔다. 다음 장날에 엄마가 주는 용돈을 받자마자 호빵 두 개를 사서 하나는 엄마를 드렸다. 빵이 뜨거워 헉헉거리며 내가 한 개를 다 먹는 동안 엄마는 겨우 호빵 한 귀퉁이를 작은 대추 알만 하게 떼어 맛만 보고는 다시 호빵을 내 손에 쥐여 주었다. 나는 호빵을 엄마 입에 넣어드리는 생각을 하지 못하고 그것마저 게 눈 감추듯 먹어 버렸다.

중학교 입학 후 교정에 세워진 자전거 대수는 학생 수 절반 이상으로 기억된다. 중고등학교 학생 수가 천여 명 정도였으니 적어도 500대 이상은 되었을 것이다. 그러니 남학생 여학생 할 것 없이 모두 자전거를 탈 줄 아는데 나는 자전거를 탈 줄 몰랐다. 이를 알게 된 친척 하숙집 형은 내게 자전거 타는 법을 가르쳐 주었다.

형은 나를 자전거에 오르게 하고는 뒤에서 자전거를 붙잡아 주며 자전거가 기울어지는 쪽으로 핸들을 돌리라는데 그게 생각만큼 잘되지 않았다. 몇 차례 넘어지기를 반복한 끝에 마침내 혼자 자전거를 타고 달리게 되었다. 세발자전거가 아닌 두발자전거가 서 있을 수 있다는 사실에 나는 흥분했다.

자전거 타는 법을 알게 된 후부터 세상이 다르게 보였다. 산골 집에 갈 때도 20리 길을 걷지 않아도 됐다. 이전 같으면 40리 길을 무려 다섯 시간씩이나 걸어서 갔는데 이젠 절반 정도를 자전거로 가고 나머지 절반만 걸어가니 너무 좋았다. 게다가 다시 하숙집으로 돌아올 때도 편하기 그지없었다.

어느 여름날 자전거를 타고 처음으로 멀리 길을 나섰다. 면 소재지에서 읍 소재지로 가는 길이었다. 처음 가는 길이라 길의 특성을 알지 못한 게 문제였다. 멀리서 버스가 뿌연 먼지를 일으키며 달려오는 걸 봤다. 나는 미리 길 가장자리로 가며 속도를 줄였다. 그런데 버스가 일으키는 먼지를 피하려고 고개를 돌리는 순간 자전거가 기우뚱하며 나는 5~6미터쯤 되는 벼랑으로 떨어졌다. 벼랑 아래는 논에 물을 대는 봇도랑이었다. 운 좋게도 깊은 봇도랑은 물이 가득 흐르고 있었다. 머리가 물에 부딪힐 때 쾅 소리가 들리는 것 같았다. 물이 깊지 않았더라면 큰일 날 뻔했다.

또 정말 다행히도 자전거는 벼랑 나무그루터기에 걸려 흔들리며 바퀴만 돌고 있었다. 버스는 먼지 속으로 사라지고 나는 깊은 봇도랑에서 기어 나왔다. 버스를 탓할 겨를 없이 벼랑을 기어 올라가 자전거를 끌어 올리고 나니 기진맥진했다. 자전거를 끌고 개울가로 가서 젖은 옷을 벗어 물을 짜고 털어 바위 위에 널었다. 너무 힘들어 나무 그늘에 기대어 졸다가 옷이 다 마른 후 하숙집으로 돌아왔다.

그 후로 한동안 자전거 타는 게 겁이 났다. 그래서 산골집에 갈 때도 예전처럼 걸어서 갔다. 그 기억이 사라질 때까지 자전거 타는 걸 피했다. 몇 달이 지나고 나서야 다시 자전거를 탔는데 나는 버스만 보면 자전거에서 내렸다. 시골 비포장도로에서 자전거 타기가 만만치 않다는 것을 알아채고 움츠러들었다.

두 딸이 어린이집과 유치원을 다닐 때였다. 두 딸은 가게에서 무엇인가 사고 싶다며 내게 돈을 달라고 했다. 각각 천 원을 주었다. 돈을 받아 든 두 딸은 돈을 손에 들고 신바람 내며 가게로 달려갔다. 두 딸이 무엇을 사 올까 상상하다 현관을 바라보니 눈물이 그렁그렁한 두 얼굴이 들어섰다. 빵을 사서 들고 오는데 어떤 오빠들이 뺏어 갔다는 말에 나는 바로 달려 나갔다. 아파트 이곳저곳에 살기를 머금은 눈을 희번덕거리며 살폈지만 끝내 빵 도둑을 찾지 못했다.

나는 다시 각각 천 원씩 주었다. 현관을 나서는 두 딸에게 산 물건은 보이지 않게 주머니에 넣으라고 일러 주었다. 두 딸은 처음 빵을 사고 너무나 기분 좋은 나머지 그 빵을 손에 들고 허허거리며 집으로 달려오던 중 건달 중학생들이 가볍게 휙 낚아 채 간 것이었다.

얼마 후 나는 두 딸이 돌아오는 길목을 향해 창문 밖으로 목을 빼고 시선을 고정했다. 다시 빵을 사서 주머니에 넣고 오는 두 딸의 얼굴은 처음 달려 나갈 때처럼 들뜬 얼굴이 아니었다. 주변을 두리번거리며 살피는 두 딸의 긴장한 얼굴을 슬프게 바라보았다. 두 딸 얼굴에 드리워진 긴장한 모습을 어떻게 달랠 수가 없었다.

　어린아이가 부처라는 말이 있다. 순수한 영혼을 강조하는 말이다. 아이들 눈을 보면 거짓말하지 못한다. 있는 그대로 감추는 것 없이 드러내는 어린아이 모습은 어른들이 배워야 한다. 그 순수한 영혼에 처음으로 상처를 남긴 기억을 지울 수가 없다. 아빠 잘못이다. 괴로웠던 기억이 되살아난다.

　우리가 살아가며 마주하는 일들은 기쁘고 슬픈 게 뒤섞여 나타난다. 그중에서도 처음으로 겪었던 일들은 더욱 오랫동안 사라지지 않고 기억 속에 머물러 있다. 그런데 왜 슬픈 기억이 더 많이 떠오르는지 모르겠다.

스키 캠프

　큰딸이 열 살이 되기 전이었을 것이다. 아내는 겨울 방학 스키 캠프에 큰딸을 보내기로 했다. 어느 체육 교사가 주관하는 스키 캠프인데 가성비가 좋다는 소문을 들었다. 내가 근무하는 학교의 스키 캠프도 있어서 나와 함께 가기를 바랐지만 그렇게 하지 못했다. 다행히 아내와 친분이 있는 선생님이 동행한다고 하기에 안심하고 보냈다.
　2박 3일 단기 과정이었는데 귀가하는 날 잠실종합운동장 근처로 마중을 나갔다. 큰딸이 버스에서 내리는데 차림새가 말이 아니었다. 새로 사서 입혀 보낸 스키복이 꼬질꼬질한 데다 즐겁기는커녕 불만 가득하게 보이는 얼굴을 마주하며 착잡했다. 아니나 다를까. 내 차에 타자마자 쏟아 내는 말이 어처구니없는 것들의 연속이었다.
　내가 잘 아는 강원도 고성 스키장이었다. 그곳은 서울에서 멀기도 하거니와 설비가 낙후되어 있어서 스키를 즐기는 사람들은 외면하는 곳이다. 그러니 스키 캠프를 주관하는 사람들은 저렴하게 이윤을 많이 남길 수 있는 장소였다.

참가자 수에 비해 관리 요원들이 턱없이 부족한 게 드러났다. 게다가 워낙 많은 업체가 밀려들다 보니 부대시설 서비스가 엉망이었다.

큰딸이 스키를 타기는 탔다. 가는 날과 오는 날은 강습으로 끝났고, 둘째 날은 리프트를 타기는 했는데 딱 두 번으로 끝났다. 고객 관리 요원이 체육 선생님들이었는데 그러고도 별 탈이 없었다는 게 이상했다. 아마 같은 교사끼리 아는 처지여서 그냥 넘어간 듯하다. 그렇지만 내가 화나는 건 따로 있었다.

스키 타는 사람이 많다 보면 그럴 수도 있다. 하지만 보호자 없이 온 아이들은 대부분 소지품 관리가 안 되는 게 당연하다. 스키 관련 장비는 소소한 것들이 상당히 많은데 그것을 관리 요원들이 점검해 줘야 하는데 그렇지 못했다. 부모가 함께 온 경우도 마찬가지다. 스키 타는 곳까지 부모가 동행할 수는 없다. 그런 점에서 부아가 치밀어 오른 나는 행정당국에 민원을 제기하려다 아내 반대로 접었다.

다음 해부터는 내가 데리고 가기로 했다. 내가 오랫동안 알고 지내온 스키 캠프 업체 사장이 있기에 가능했다. 그분 역시 주로 강원도 고성 스키장을 이용했다. 그곳은 초보 교육용 슬로프가 붐비는 곳이 많지만, 그 외의 슬로프는 한가하기 이를 데 없는 스키장이다. 그걸 알고 있었기에 하여튼 스키를 많이 탈 수 있는 곳을 찾아 큰딸을 데리고 다녔다.

나는 큰딸 스키 강습 일체를 내가 일대일 교육으로 끝냈다. 그리고는 리프트 상황을 살펴서 가능한 한 슬로프 경험을 많이 할 수 있도록 안내했다. 이를테면 야간 스키를 이용하여 쉴 새 없이 스키를 타게 했다. 그야말로 스키를 본인이 싫증 날 때까지 타도록 만들어 주었다.

그 스키장을 여러 해 다니고 나니 마침내 큰딸이 싫증 내는 게 보였다. 나는 스키장을 고향 쪽의 성우리조트와 보광 피닉스파크로 바꿨다. 그곳은 고향 인근이라 친구들이 있어서 스키장을 이용할 때 이런저런 도움을 받는 이점도 있었다. 또 이때부터 작은딸도 스키를 타기 시작해서 두 딸과 함께하는 즐거움도 있었다.

작은딸은 주로 내 고향에 있는 스키장을 이용했다. 게다가 앞서 스키를 배운 언니의 코치를 받는 것은 덤이었다. 그것뿐이겠는가. 스키 장비 관리나 슬로프 이용법, 위기 대처 등 많은 것들을 손쉽게 배우고 해결하며 스키를 즐길 수 있었다.

큰딸이 초등학교 하급 학년일 때 스키 붐이 일었다. 서울 대부분의 초중고에서 겨울 스키 캠프를 여는 분위기가 있었다. 큰딸은 강원도 고성 스키장에서 처음 접하는 스키 타기를 힘들게 시작했다. 부모가 따라가지 못하고 아는 선생님에게 아이를 맡긴 것이 잘못이었다. 평소 자기 관리가 확실했던 큰딸이지만 낯선 곳에서 심리적으로도 힘든 2박 3일을 보냈을 것이다. 혼자 얼마나 당황해하고 황당했을까. 그래서 내가 나섰다. 나와 함께 다닌 스키 타기는 즐거웠을 것이다. 나는 큰딸이 원 없이 즐겁게 그리고 여러 슬로프를 충분히 경험했다고 믿는다. 첫 스키 캠프의 허망한 기억을 떨쳐 버렸을 것이다.

최근 인터넷에서 폐허로 변한 강원도 고성 스키장을 봤다. 상태를 보니 이미 오래전에 스키장 문을 닫은 것 같다. 물론 큰딸이 어렸을 때도 스키장은 부도가 난 상황이었다. 궁여지책으로 스키장 건물을 몇 개의 동씩 분할해 팔며 근근이 버티는 상황이었다. 큰딸 추억이 남아 있건만 사라진 스키장을 바라보는 마음은 그저 씁쓸할 뿐이다.

방과후 수업

큰딸이 유학을 떠난다고 했을 때 나는 그저 막막할 뿐이었다. 세계 최고 물가를 자랑하는 런던과 도쿄. 그 둘만 피했으면 했는데 런던이라는 말에 말문이 막혔다. 부부 교사로서 아직도 내 집 마련을 마무리 짓지 못하고 빚을 갚고 있었다.

나는 학비 걱정을 제쳐 두고, 문과 출신의 큰딸이 통계학을 전공한다는 말에 맞추어 선행학습을 서둘렀다. 먼저, 수학과 통계학의 기초 학습을 준비했다. 내가 대학 1, 2학년 때 공부했던 대수학, 미분적분학, 미분방정식, 기초통계학, 현대통계학 과목의 주요 부분을 가르치기 위해 공부를 시작했다. 나는 출근하자마자 그리고 퇴근 시간 이후까지 학교에서 공부하고 귀가했다. 저녁이면 영국의 토플인 아이엘츠(IELTS) 학원을 다녀온 큰딸을 붙들고 가르쳤다.

공부를 시작할 때마다 나는 큰딸에게 다그친 말이 있었다. "영국은 일본이나 중국 그리고 인도 학생들이 유학을 많이 온다. 그들은 대체로 우리나라 대학교 2학년 수준의 수학을 배운 학생들이다. 네가 그들 틈에서 해내려면 좀 더 준비해서 떠나야 한다." 내가 하는 말은 그뿐만이 아니었다. 그들은 귀족 수준의 억만장자 자녀들이라는 것을 알려 주었다. 당연히 나는 큰딸이 주눅 들면 어쩌나, 하는 걱정을 떨쳐 낼 수가 없었다.

큰딸은 성적이 우수하고 수학 감각이 뛰어났지만, 문과 출신이라는 한계가 있었다. 때로는 눈물도 떨궜다. 심지어 출국하기 전날까지도 미분방정식을 공부하다 훌쩍이는 걸 본 아내는 내게 핀잔을 퍼부었다.

큰딸이 유학을 떠나던 해에 나는 새 학교로 옮겼다. 흔히 소문난 '사' 자 직업의 부모들이 모여 사는 동네의 학교였다. 의사 약사 의료인 자녀, 변호사 판사 검사 법조인 자녀, 교수나 연구원 자녀들이 많은 동네의 학교에서 근무하게 되었다.

나는 이전부터 내 반 학생들의 독서지도를 해 왔는데, 새 학교에서도 마찬가지였다. 방법은 이랬다. 읽을 책을 안내하고 학생 개개인을 상담하며 독서 상황을 확인하고 다음 과제를 주는 식이었다. 처음에는 여러 명이지만 1학기 말쯤 되면 서너 명 정도로 줄어든다.

그러던 어느 날 한 학부모가 찾아왔다. 국문학을 전공한 학부모인데 대치동 독서 전문 학원을 샅샅이 뒤졌지만, 마음에 들지 않아 돌아섰다고 한다. 자기 딸이 담임으로부터 독서지도 받는 상황을 자세히 살펴보았다며 독서지도를 꾸준히 받기를 바랐다. 그러니 현재 지도하는 독서지도를 방과후학교 수업으로 전환해 달라고 했다. 마침, 내 곁에는 전년도에 방과후학교를 담당하던 선생님이 있었다. 그 선생님은 우리 학교가 몇 해 전에 '수요자중심 방과후학교'라는 규정을 만들었는데 학부모 말씀대로 반 개설이 가능하다고 했다.

학부모가 특정한 방과후학교 수업을 원할 경우, 그 반을 학교 밖에서 만들어 학교에 등록하고 강사와 강사비도 학부모가 정하게 되어 있었다. 학교는 장소 제공 및 관리만 하는 형태였다. 나는 학부모에게 방과후학교 반을 만들어 오라고 제안했다. '수학과학독서토론반'으로 인원은 열 명 이내로 하고 반이 구성되는 대로 알려 달라고 했는데 그다음 날 바로 연락이 왔다. 학부모의 자녀는 전체 2등이었는데, 전교 10등 전후의 학부모에게 메시지를 보내자마자 모두 동의하여 어렵지 않게 반이 만들어졌단다.

나는 강의 준비를 서둘렀다. 읽을 책은 수학, 물리, 화학, 생물, 지구과학 5개 영역을 골고루 선택했다. 그동안 국내에서 출판된 5개 영역 1,300여 권의 도서들을 수집해 읽어 두었기에 가능했다. 학생들이 1주일 이내에 읽을 수 있는 얇은 도서 위주로 선택하고, 개인 발표와 내용 요약 및 질문지를 구성했다. 또 토론 기록지를 만들었는데, 그것을 학부모가 보면 수업 중 누가 어떻게 내용을 요약했는지, 질문은 어떤 것이었는지를 한눈에 알아볼 수 있었다. 특히 내용 요약은 그 양을 줄이기가 힘들기에 처음 요약한 것을 내가 줄여 주고 대략 두세 줄 내외가 되도록 권장했다. 교내에서 가장 우수한 학생들이 모여 있었기에 토론장은 활기를 띨 것으로 예상했다.

나는 수업을 앞두고 학부모들을 초청했다. '수학과학독서토론반'을 어떻게 운영할 것인지, 수업 예시 및 목표, 과정, 결과 등을 통해 무엇을 얻을 수 있는지를 안내했다. 그리고 실제 수업 참관을 요청했다. 5월에 시작했으니 3학년 졸업 전까지 서두르면 대략 20권 정도의 책을 읽고 토론할 수 있도록 계획했다. 수업을 준비하며, 나는 이미 읽었던 책이지만 다시 책을 세 번씩 더 읽었다. 질문지를 구성하며 토론을 대비했다. 나는 학생들이 읽고, 발표하고, 토론하고, 글쓰기로 마무리하는 과정에서 첨삭지도를 했다.

그 과정에서 책을 선택하고 구매하고 학생 개개인에게

직접 나누어 주는 일이 만만치 않았다. 기껏 선택한 책이 절판 또는 한두 권이 모자라 다시 사는 일이 종종 있었다. 책값은 학부모가 온라인 송금으로 보내 주었는데 연말정산 영수증을 요구할 때는 어떻게 해 볼 도리가 없었다.

학교 안에서나 밖에서나 수학 교사가 하는 독서지도를 몹시 궁금해하는 분들이 있었다. 그때마다 나는 수업 참관을 제안했고 단 한 가지 조건을 달았다. 참관 후 피드백 과정을 요구했다. 그리 많지는 않았지만, 학부모나 동료 교사 중에서 수업을 참관하고 도움이 되는 말씀을 해 준 분들은 고맙기 그지없었다.

방과후학교 '수학과학독서토론반' 수업은 주변에 화제를 불러왔다. 과학고나 외고를 준비하는 학생들에게는 방학을 이용하여 자기소개서를 쓰게 했다. 아울러 글을 끊임없이 다듬는 작업을 함께했다. 몇 년 지나자 서울의 어느 유명한 외고 입시 설명회에서는 나를 들먹였다. 모 중학교 H 교사의 자기소개서를 흉내 내라는 말까지 나왔다.

또 나는 학생들의 독후감 파일을 작성시켰다. 그때는 독서 상황을 생활기록부에 기록했는데 책을 읽고 무엇을 얻었는지, 어떤 느낌을 받았는지, 무엇을 알게 되었는지 등을 담임교사가 기록했다. 그래서 나는 학생들에게 고등학교에 입학하기 전에 미리 독서 기록 파일 2~30권 분량을 마련하고서 학기가 바뀔 때마다 5~6권 정도를 담임 선생님에게 제출하도록 준비시켰다.

'수학과학독서토론반'은 3학년만을 대상으로 5월 처음 시작할 때는 한 반이었다. 6월부터는 두 반으로 늘었고, 여름방학에는 학부모 요청으로 중학교 2학년 반까지 생겨났다. 심지어 1학년 반을 만들어 달라는 요청이 있었지만 거절했다. 1학년은 수학 과학 기본 실력을 고려하면 지도가 너무 어렵기 때문이었다. 그러자 학부모는 자신의 아이는 선행학습이 되어 있으니 2학년 반에서 방과후 수업을 듣게 해 달라고 떼를 쓰는 일도 있었다. 결국 다음 해부터는 방학에만 1학년 반을 따로 개설해 수업하기 시작했다.

그리하여 방과후 수업 이듬해부터는 학기 중 3학년 세 개 반, 방학 중 2학년 두 개 반과 1학년 한 반으로 모두 여섯 개 반을 운영했다. 그런데 학기 중에 3학년 세 개 반을 월·목, 화·금, 수·토 등으로 운영하고, 방학 중에도 방과후 반을 운영하다 보니 1년 내내 쉴 틈이 없었다. 그런데도 나는 신바람 내며 즐겁게 준비하고 지도했다.

방과후 수업은 그야말로 우연이었다. 학생들의 읽기와 쓰기를 그 무엇보다 중요시하며 지도해 오던 독서지도가 방과후 수업으로 연결되었다. "아는 것은 좋아하는 것만 못하고, 좋아하는 것은 즐기는 것만 못하다"는 공자님 말씀이 떠오른다. 가볍게 즐기는 자세로 다가가던 독서가 방과후 수업으로 금전적 수익과 더불어 독서의 즐거움을 더욱 키워 주었다. 무엇을 하든 즐거움과 함께하는 것은 오랫동안 할 수 있고 또 힘든 줄 모르게 빠져들 수 있다. 그러니 5년 동안 주말뿐만 아니라 방학도 잊은 채 방과후 수업을 할 수 있었을 것이다.

기간제 교사

중등교사 정년퇴직을 하며 주변을 정리했다. 학교나 집의 온갖 쓰레기들을 모두 버려야 했다. 컴퓨터 파일 및 인쇄물 자료, 책, 옷, 편지, 앨범 등 무게나 부피가 엄청났다. 그 중에는 파쇄할 것이 있고, 불에 태울 것이 있고, 분리수거할 것이 있고, 책처럼 산속 서재로 옮길 것도 있었다.

컴퓨터 파일만 해도 하드디스크에 있는 것과 1테라바이트 용량의 외장하드 두 개에 들어 있는 것들을 정리하는 데 거의 1주일 이상 소요되었다. 7, 8월 마지막 방학을 이용하여 잡다한 정리를 끝냈다. 마지막으로 상자에 담아 놓은 책을 산속 서재로 가져가며 마무리되었다.

그리고 나서 한 달도 안되어 현직 교감인 친구로부터 전화가 왔다. 시간강사를 하란다. 전혀 예상치 못한 일이었다. 서로의 인연을 무시하기도 어렵고 또 친구 권유를 뿌리칠 수 없어 약 두 달 동안 서울의 어느 마이스터고 시간강사가 되었다.

고등학교는 교생실습 이후 처음 근무하는 곳이었지만 학

생들 태도는 놀라움 그 자체였다. 나는 학생들에게 잔소리할 게 거의 없었다. 어쩌면 전국의 모범생들만 모아 놓은 것 같았다. 비록 짧은 기간이었지만 그동안 보아 왔던 중학생들과는 판이한 모습에서 진작 고등학교에 가지 않은 걸 후회했다.

그 이듬해, 나는 기간제 교사를 하기로 했다. 작은딸 유학비가 필요해서다. 여러 학교에 응시했는데 서울 강남의 중학교 기간제 교사로 한 학기 동안 채용되었다. 며칠 후 육아휴직을 한 교사를 만났는데 알고 보니 내 대학 후배였다. 그는 내가 교수 학습 자료가 없는 것을 알고 여러 자료를 흔쾌히 제공했다.

우리나라 모든 것의 1번지라고 하는 강남의 중학교는 쉽지 않은 곳이었다. 한 학기 근무하는 동안 인근 중학교에서 학폭 관련 학생 추락사, 학부모 민원 관련 초등학교 교사의 죽음을 접했다. 학생들은 공격적이고 심신은 병든 것처럼 보였다. 시험 기간이 가까워지면 딴짓하는 학생은 거의 없고 1점에 벌벌 떨거나 아주 민감하게 반응했다. 이와 함께 교무실, 교장실, 행정실 할 것 없이 학교 전체적인 분위기 또한 냉랭한 느낌마저 들었다.

나는 오래전부터 시골 학교 근무를 동경해 왔다. 그래서 아내의 동의를 얻어 시골 학교 기간제 교사 채용에 응시했다. 1학기를 마치고 나서 2학기 기간제는 충남 논산에 있는 중학교에 채용되었다. 사흘 후인 월요일부터 출근하려면 서둘러야 했다. 당장 거처할 원룸을 찾는 게 시급했는데 다행히 큰딸이 감각적으로 신속하게 원룸을 찾아내어 토요일 계약을 예약해 놓았다.

논산 원룸에서 학교는 도보 10분 거리에 있었다. 토요일 오후 내내 청소하고 정신없이 하루를 보내고 나자 이튿날 아내가 방문했다. 낯선 동네에서 한 학기를 보내야 하는 내 처지를 불안한 마음으로 찾은 것이다.

다음 날 근무할 학교에 일찍 출근한 나는 아연했다. 교내 곳곳이 공사판이었다. 인조 잔디 재시공으로 운동장 전체를 파헤쳐 놓았고, 교실은 지하 부분 내진 공사로 수업은 특별교실에서 하고 있었다. 또 한쪽에는 씨름장 건물을 짓는 중이었고 교내 곳곳에 공사 장비, 자재, 쓰레기 등으로 가득했다. 교무실을 찾아갈 길은커녕 틈새를 찾기도 어려웠다.

얼마 후 교장, 교감 선생님을 만났다. 나는 인사할 때 명함 대신 지난해 출간한 도서에 서명한 후 한 권씩 드렸다. 인사를 나누자마자 담임 반 학생들을 만나러 교감 선생님과 함께 교실로 갔다. 교감 선생님은 학생들에게 내 책을 보여 주며 내가 저서를 출간한 훌륭한 선생님이라고 강조하며 소개했다.

나는 교직 내내 거의 매년 개학 첫날에 명렬표를 보지 않고 학생들의 이름을 불러 주었다. "네가 바로 아무개구나!" "네 자리는 저기!"라는 말로 초면의 학생들을 맞이하는 게 내 리추얼이었다. 이를 위해, 나는 엊그제 토요일, 일요일 이틀 동안 29명 학생 이름을 부리나케 외웠다. 고속도로 휴게소에서 잠시 쉬는 동안에도 학생 이름을 중얼거렸다.

교감 선생님이 교실을 나간 후 나는 학생들을 자리에서 일어서도록 했다. 자신의 소지품을 모두 들고 교실 뒤쪽으로 가도록 했다. 좌석을 재배치하기 위해서였다. 출석부를 보지 않고 한 명도 틀리지 않게 이름을 부르며 얼굴을 확인하고 자리에 앉혔다.

이 기간제 교사 자리는 퇴직한 여교사가 지난주 9월 1일 딱 하루를 근무하고 떠났다. 여교사로서 남학생 담임은 부담이 되었을 것이다. 그러나 그보다는 유도선수 출신으로 180센티미터에 90킬로그램이나 되는 한 학생이 교사에게 마구 달려들었다는 일화도 한몫했다는 말을 들었다.

학교 근무가 1주일쯤 지나가며 담임으로나 교과 지도에서나 만만찮은 일들이 연이어 나타나며 그 정도가 더욱 심해졌다. 이런저런 생각 끝에 나도 학교를 그만둘까 계속할까를 고민했지만 계속하겠다고 이내 다짐했다. 이전의 경험에 비추어 내가 즐기는 책 읽기와 글쓰기는 집에서보다 학교에서 더 잘되었기 때문이다.

나는 더욱 읽기와 쓰기에 매달렸다. 특히 글쓰기는 항간에 알려진 대로 자기 정화 기능이 있다. 삶의 애환이랄까 아니면 감정이랄까 하는 것들이 글을 쓰며 정리되었다. 그런 분위기를 놓치지 않으려 애쓰며 지난해부터 써오던 책의 원고를 마무리하는 데 집중했다. 시간이 넉넉할 때보다 오히려 바쁠 때 읽기와 쓰기가 더 잘되는 것도 그동안 느끼지 못했던 새로운 경험이었다. 그럭저럭 12월 말 즈음에는 초고가 거의 마무리되었다.

한 학기를 정리할 무렵, 학교에서는 다음 학기 근무를 제안하기에 나는 망설였다. 서울에도 기간제가 있는데 이곳에서 계속할까 말까를 아내와 상의했는데 아내는 마음대로 하라고 했다. 결국 한 학기 더 근무하기로 하고 원룸 계약을 6개월 연장했다.

논산에서 기간제로 1년을 근무한 후, 나는 다시 충남 금산에 있는 중학교에 채용되었다. 사방이 산으로 둘러싸인 동네는 내가 다녔던 중학교 풍경과 비슷했다. 고향에 돌아온 느낌이 들었다. 학생들은 순박했다. 논산 학생들도 순수했지만 금산 학생들은 그보다 훨씬 더 순수했다. 이토록 영혼이 맑은 학생들은 처음이자 마지막일지 모른다. 그야말로 영광스러운 만남이라는 생각마저 들었다.

해가 바뀌고 나는 다시 경기도 파주에 있는 중학교에 채용되었다. 시골이라 해서 순수한 학생들만 있는 것은 아니지만, 학생들 대부분은 맑고 고운 눈망울을 간직하고 있었다. 이런 학생들을 어디 가서 또 볼 수 있을까. 이런 것이 행운일 것이다.

나는 지난 시절 큰딸 유학비를 위해 방과후수업에 매진한 것처럼 작은딸을 위한 기간제 교사를 여전히 계속하고 있다. 앞으로 기간제 교사를 얼마나 더 계속할지는 모른다. 작은딸 때문에 시작한 기간제 교사가 가끔 힘들기도 하지만 한편으론 내 읽기와 쓰기를 강화하는 계기가 되었다. 게다가 글쓰기에는 자기 정화 기능도 있지 않은가. 금전적 수익 외에 부가적인 소득이 고마울 뿐이다. 세상에 공짜가 없다는 말이 맞는 것 같다.

맺는말

어릴 때 도시 사람들이 가끔 산골 우리 집 앞을 지나갔다. 그들은 낯빛이 허연 게 특징이었다. 햇빛과 땀에 절어 시꺼먼 내 얼굴과는 너무 달랐다. 나는 도시 사람들은 인종이 다르다고 생각했다. 그렇지 않고서야 어찌 저렇게 백인처럼 허열 수 있을까, 하는 의문을 떨쳐 낼 수가 없었다.

나는 씻는 게 부실하다 보니 늘 꼬질꼬질한 얼굴이었다. 그럴 때마다 엄마는 나를 붙들고 씻겼는데 어떨 때는 달아나는 나를 붙잡아 놓고 씻기기도 했다. 나는 여름이나 겨울이나 거의 매일 땀과 흙먼지에 싸여 있었다. 여름에는 개울에서 미역을 감으며 때가 씻겨 나갔지만, 겨울에는 때가 쌓일 수밖에 없었다.

초등학교 담임 선생님은 가끔 때를 검사하셨다. 주로 손, 얼굴, 목을 검사했다. 어느 해 겨울이었다. 대대적으로 온몸의 때 검사가 시작되었다. 남학생들은 거의 다 걸렸다. 나도 마찬가지였다. 그런데 나는 선생님이 대책을 묻는 말씀에 대답이 어긋났다. "이 더러운 때를 어떻게 할래?" "예,

냇가에 가서 씻겠습니다." "야, 이놈아, 엄동설한에 말도 안 되는 소리 하지 마!"

내 손가락과 왼쪽 정강이는 늘 상처투성이였다. 매일 꼴 베거나 나무하는 일이 당연하다 보니 그 상처는 아물 겨를이 없었다. 늘 흉한 모습이었다. 그러다 산골을 떠나며 손가락과 왼쪽 정강이가 말쑥해지기 시작했다. 그러나 그게 오래가지 못했다. 군대라는 곳에서 다시 재발되었다. 군화로 정강이를 얻어맞다 보니 멍이 삭을 새가 없었다. 어떨 때는 정강이에서 피가 나기도 했다. 물론 낫과 풀에 입은 상처처럼 피가 줄줄 흐르지는 않았지만, 충격과 고통은 더 심했다.

도시 생활이 이어지며 나는 산골과 멀어져 갔다. 나도 도시 인종과 비슷해졌다. 이제 내 얼굴이나 손 그리고 정강이도 깨끗해서 누가 보더라도 나를 산골 촌놈이라 부르지 않을 것이다. 그런데 고민이 있다. 나무에 긁힌 얼굴 그리고 왼손 검지와 중지 상처는 희미해졌지만, 자세히 보면 그 흔적이 곳곳에 남아 있다. 가끔 두 딸이 말했다. "아빠, 손가락에 이상한 거 있어!"

시골에서 살던 사람들은 누구나 한두 가지 흔적쯤은 간직하고 있다. 다만 정도의 차이가 있을 뿐이다. 나는 산골에서 새겨진 흔적이 마음의 상처로 남지는 않았다. 부끄러운 것은 아니지만 사춘기 때는 감추려 했다. 세상살이에서 우연히 드러나며 벌어진 일이다.

도시 사람은 시골 사람과 달리 모든 게 빠르다. 눈이 빠르니 보는 게 남다르다. 발이 빠르니 나보다 먼저 갔다. 빠른 말에 맞추어 생각이나 행동이 앞서가는 게 부러웠다. 나는 그들을 따라갈 재주가 없었다. 그럴 때마다 나는 요즘 쓰이는 말인 잉여 인간 또는 루저라는 느낌이 들기도 했다.

세상살이는 인연으로 시작해서 인연으로 끝난다고 해도 과언이 아니다. 그 인연의 길이도 천차만별이다. 인연의 길이를 잴 수 있을까. 그 길이가 긴지 짧은지 확인할 수 있을까. 그만큼 나는 지난날의 인연을 늘이거나 줄이고 싶었다.

두 딸에게 부끄러운 게 있다. 두 딸을 키우며 온갖 시행착오가 가득했다. 그런데 숱한 세월이 흘러 겨우 알아챘다. 교직을 정년퇴직하며 그간의 세월을 돌아보다 알게 된 슬픔이다. 인적이 드문 산속 서재에서 혼자 생활하며 하루 종일 말 한마디 없이, 휴대전화나 시계조차 잊고 있다 보니 지난 세월을 반성할 게 무더기로 떠오른다.

이와 다르게 두 딸에게 고마운 게 있다. 두 딸이 자라며 보여 주었던 재롱은 잊을 수가 없다. 그 무엇과도 바꿀 수 없는 소중한 추억이다. 그래서 재롱을 효도라 부르는지도 모른다. 게다가 두 딸은 스스로 부족한 아빠를 넘어선 것 같다. 두 딸이 자랑스럽다. 내가 고슴도치가 된들 뭐 어떻겠는가.

이제 성인이 된 두 딸은 새로운 추억거리를 찾아 분주할 것이다. 그게 새로운 재롱으로 변모되었으면 좋겠다. 자녀의 재롱은 모든 가정에서 바라는 행복의 원천이다. 자녀를 재롱 샘이라 부르고 싶다. 그 재롱 샘이 언제 또 어떻게 내 곁에 다가올지 기다려진다.

꿈꾸는 동안

ⓒ 황용석, 2025

초판 1쇄 발행 2025년 10월 20일

지은이	황용석
펴낸이	이기봉
편집	좋은땅 편집팀
펴낸곳	도서출판 좋은땅
주소	서울특별시 마포구 양화로12길 26 지월드빌딩 (서교동 395-7)
전화	02)374-8616~7
팩스	02)374-8614
이메일	gworldbook@naver.com
홈페이지	www.g-world.co.kr

ISBN 979-11-388-4812-1 (03810)

- 가격은 뒤표지에 있습니다.
- 이 책은 저작권법에 의하여 보호를 받는 저작물이므로 무단 전재와 복제를 금합니다.
- 파본은 구입하신 서점에서 교환해 드립니다.